생각대로 살지 않으면
사는 대로 생각하게 된다
0

Il faut vivre comme on pense,
sans quoi l'on finira par penser comme on a vécu

생각대로 살지 않으면
사는 대로 생각하게 된다

은지성 지음

차례

추천사 006
프롤로그 사는 대로 살지 마라 008

PART 1

01 ___ 나는 내 생각을 붙들고 살았는가 014
02 ___ 생각대로 산다는 건 끝까지 지키겠다는 마음 022
03 ___ 있는 그대로의 당신을 사랑합니다 028
04 ___ 그 누구도 가지 않은 길 036
05 ___ 당신의 생각은 어느 정도의 속도로 가고 있는가 044
06 ___ 인생은 저마다 다르게 살아야 한다 052

PART 2

07 ___ 생각은 혼자만의 훈련으로 자란다 062
08 ___ 생각대로 살지 않으면 사는 대로 웃어야 한다 070
09 ___ 말보다 늘 무겁게 살아온 리더십 076
10 ___ 모든 길은 자신에게로 통한다 082
11 ___ 가장 약한 것의 편에 서겠다는 생각 하나 090
12 ___ 상상의 엔진을 멈추지 않는 인생 096

PART 3

13 ___ 도착할 미래를 준비하고 믿는 용기 106

14 ─ 생각대로 사는 자의 각오　　　　　　112
15 ─ 짧지만 침묵을 담은 작가　　　　　　118
16 ─ 나는 결과보다 생각대로 된다　　　　124
17 ─ 자신의 생각대로 기쁨을 파는 사람　　130
18 ─ 자기만의 방이 있어야 한다　　　　　138

PART 4

19 ─ 모든 행동은 생각의 결과물이다　　　146
20 ─ 생각 하나가 세상을 바꾼다　　　　　152
21 ─ 세상의 벽을 길로 바꾸는 법　　　　　158
22 ─ 침묵은 목소리가 된다　　　　　　　166
23 ─ 내 생각을 세상 언어로 바꾸는 것　　174
24 ─ 이 싸움은 나의 것이다　　　　　　　180

PART 5

25 ─ 자기 신념 앞에 부끄럽지 않은 삶　　188
26 ─ 지금 이 선택이 내 존재의 전부　　　194
27 ─ 인류를 살리고 싶다는 생각　　　　　200
28 ─ 끝까지 생각대로 살았다　　　　　　206
29 ─ 우주의 방식대로 생각한다면　　　　212
30 ─ 생각을 들고 뛰어든 실행가　　　　　218
31 ─ 우리의 인생은 생각에 의해 만들어진다　224

에필로그 사는 대로 생각하지 않기 위해　　　230

추천사

★★★★★

저는 10여 년 전 서울대공원 수족관에서 쇼를 하던 제돌이와 그의 친구 돌고래 네 마리를 그들의 고향 제주 바다로 돌려보내는 일을 진두지휘했습니다. 안전한 시설에서 잘 보호받던 동물을 한데로 내보냈다가 불의의 사고라도 당하면 책임지겠냐는 비난이 빗발쳤습니다. 저는 자유란 거저 주어지는 게 아니라 모름지기 쟁취하는 것이라고 항변하며, 그들에게 좁은 수조에서 토막 생선이나 받아먹는 삶이 아니라 때로 위험하더라도 내일이 열려 있는 삶을 선사했습니다.

저는 가장 멋진 삶은 모름지기 나답게 사는 삶이라고 생각합니다. 이 책의 저자 은지성 작가는 온갖 다양한 책을 섭렵하며 촌철살인의 인용 글귀를 발굴하는 '지혜 수집가'입니다. 그의 눈은 정치인, 기업인, 철학자, 과학자, 소설가에서 운동선수와 영화배우에 이르기까지 우리 삶 모든 구석을 두루 살핍니다.

시인 김상용은 "왜 사냐건"이라는 질문에 그냥 "웃지요"라고 답했지요. "구름이 꼬인다" 해도 "갈 리 있소"라던 그는 굳이 "남으로 창을 내겠"다고 했습니다. 엔비디아의 CEO 젠슨 황에 따르면 우리 삶에는 속도가 아니라 방향이 중요하답니다. 생각대로 사는 삶은 바로 깨어 있는 삶입니다. 그저 사는 대로 살게 되면 어느새 세상과 타협하고 결국 끌려다니게 됩니다.

스스로 자기 삶의 주인이 되길 원하는 모든 이에게 이 책을 권합니다. 너무 빨리 끝내지 말고 늘 머리맡에 두고 시간 날 때마다 틈틈이 읽으면 좋을 것 같습니다. 무기력했던 삶에 동기와 용기가 샘솟을 겁니다.

최재천 (이화여대 에코과학부 석좌교수 / 생명다양성재단 이사장)

프롤로그

사는 대로 살지 마라

"전부가 인용문으로 된 글을 쓰고 싶다."

발터 벤야민의 위의 문장을 처음 봤을 때 내 마음이 꼭 이랬다. 《생각대로 살지 않으면 사는 대로 생각하게 된다 1·2·3》도 이런 마음가짐으로 썼다. 내 생각은 없이 그냥 '생각대로 산 사람들'의 인생을 있는 그대로 보여주고 싶었다. 마치 작가 개입 없는 작은 위인전처럼 보여도 좋았다.

결국 뜻대로 되지 않았다. 내 생각 없이 글로 독자에게 전하기에는 너무 불친절하다고나 할까. 그래서 '플러스 메시지' 코너를 준비했지만 만족스럽지 못했다. 그사이 이 책은 많은 독자의 사랑을 받고 후편의 출간 압력을 많이 받아왔다. 수십 군데 출판사와 수백 명의 독자 이메일을 받았다. 처음에는 일일이 응했지만 건강 상태가 악화해 그마저 하지 못했다.

그러는 동안 10년 가까운 시간이 흘렀다. 여전히 세상은 혼탁하고 선악의 기준은 불투명했다. 전쟁은 끊이질 않고 험하고 날선 말들이 오갔다. 몇몇 잘못된 리더들의 선택에 의해 생각 없이 끌려가고 있는 사람들을 보았다. 나도 그들 중 한 사람이었다. 이래서는 안 된다고 생각했다. 그래서 다시 마음을 다잡았다.

이 책은 이런 내 생각의 첫 번째 결과물이다. 예전에 소개했던 인물이나 스토리가 아니라 전부 새롭게 쓴 '신상'이다. '4편'이라고 적지 않고 '제로 편'이라고 명명한 것은 리부팅 개념보다는 '초심'으로 돌아가고 싶었기 때문이다.

이번 제로 편에서는 기존 20명의 인물 이야기에서 31명으로 확대했으며, 한 인물이 '생각대로 산 이야기'를 한층 풍성하고 다양한 각도에서 느껴보려고 노력했다. 위인전보다는 좀 더 깔끔하고 심플하게 주제에 맞는 서술 방식으로 독자의 생각을 도우려 애썼다. 이 책을 읽으며 격하게 공감하는 부분이 많다면 나로서는 기쁜 일일 것이다. 플러스 메시지 또한 31편으로 구성했으며, 실제로 만난 사람의 이야기와 지어낸 이야기를 배합해 생각거리를 '플러스'했으니 부디 재미있고 밑줄 긋고 싶은 책으로 봐줬으면 좋겠다.

내 좌우명은 여전히 이 책의 제목이다. 몸이 안 좋아 몇 년을 쉬면서 사는 대로 생각했더니 내가 없어진 것만 같았다. 그 와중에 가장 역할을 해야 하는 입장이다 보니 그 증상은 더욱 심해졌다. 그래서 정신과 치료를 받으며 약물로 감정을 조절하고 있다. 공황장애가 심해져 '죽을 것 같지만 죽지 않는' 현상을 여러 번 겪어보니 인생이 다르게 보이기도 했다.

일어설 힘과 동력이 필요했고 동기 부여도 있어야 했다. 다시 역사와 현재의 인물 속으로 들어갔다. 미래를 알아야 할 땐 과거의 역사가 필요하듯, 무너진 생각을 바로잡는 데는 역시 '생각대로 산 사람들'의 이야기가 필요했다. 그래서 이 책은 독자보다 나를 다시 일으켜 세우려고 집필한 것이기도 하다.

취재하고 조사를 하며 몇 번이나 벅찬 감동을 받았다. 10년 사이에 새로운 인물이 보였고, 그동안 미처 알지 못했던 일화도 발굴했다. 그때 느낀 기쁨과 행복이 이 시리즈를 좋아하는 독자들에게 조금이라도 전해졌으면 좋겠다.

한 가지 바람이 있다면, 이 책을 너무 빨리 읽지는 말라는 것이다. 그렇다고 침대 곁에 두고 틈틈이 읽을 정도의 명작(?)은 아니니 그건 삼갔으면 좋겠다. 이 책을 통해 31권의 책을 읽는 느낌이 들었으면 좋겠다. 그리고 등장인물 중 롤 모델이 있다면 좀 더 깊은 연구와 조사를 하고, 자신의 인생에 적용했으면 좋겠다.

말과 다짐으로만 끝나기보다는 실천으로 옮기는 행동력과 용기가 이 책이 전하려는 진정한 메시지가 아닐까 생각해 본다.

2025년 여름

은지성

PART 1

*Il faut vivre comme on pense,
sans quoi l'on finira par penser comme on a vécu*

01
나는 내 생각을 붙들고 살았는가

인류를 구원한 과학자
니콜라 테슬라

영국에서 산업혁명이 한창 진행되고 있던 1884년의 미국. 발명왕 에디슨은 뉴욕에 있는 수백 개의 주택과 공장 등에 전기를 보내고 있었다. 전기의 편리성 때문에 주문은 날로 늘어났지만 직류 전기 장치로 인한 고장 문의가 끊이질 않았다. 그때 에디슨 앞에 한 사내가 눈에 띄었다.

"이리 와보게."

사내가 주섬주섬 옷에 묻은 먼지를 털고 다가왔다.

"어떤가? 좀 진전이 있나?"

"네. 며칠이면 좀 더 효율적으로 발전기를 작동시킬 수 있을 것 같습니다만, 그보다는 새로운 발전기를 만들어보는 게 어떨까요?"

에디슨은 한편으로는 놀라고 한편으로는 의구심이 생겼다.

'나보다 뛰어난 발전기를 만들 수 있다고?'

에디슨은 그 계획을 허락했다. 사내는 24개의 발전기를 다시 설계하고 자동 조절 장치를 설치함으로써 발전기 기능을 향상시켰다. 에디슨은 그 사내에게 프로젝트 대가로 보너스 5만 달러를 약속했으나 작업이 완료된 후 그 금액을 지불하지 않았다. 이에 사내는 사표를 내고 에디슨 곁을 떠났다. 에디슨과 니콜라 테슬라Nikola Tesla의 악연은 그렇게 시작되었다.

사실 둘 사이에는 넘을 수 없는 벽이 있었다. 바로 직류와 교류에 대한 생각 차이였다. 에디슨은 철저한 직류 신봉자였다. 그러니 교류를 신봉하는 테슬라가 마음에 들 리 없었다.

"테슬라가 에디슨과 헤어졌대."

이미 기술자로서 이름을 날리고 있던 테슬라의 퇴직 소식에 투자자들이 구름 떼처럼 몰려왔다. 그중 웨스턴 유니언 전신회사의 경영자 A. K. 브라운A. K. Brown의 도움을 받아 테슬라는 1887년 4월 테슬라 전기회사를 설립할 수 있었다.

'특허를 먼저 등록하는 쪽이 이기는 거야.'

테슬라의 머릿속에는 이미 수많은 발명품이 설계되어 있었기 때문에 손쉽게 많은 특허를 따낼 수 있었다. 그가 출원한 특허는 25개국에서 272개나 되었다. 교류 전기, 전기 자동차, 변압기, 무선 통신, X선, 레이더, 고전압 변환 장치 모두 테슬라의 발명품이다.

그는 에디슨과의 노벨상 공동 수상을 거부하는 소동을 벌인 것으로 유명하지만, 소설가 마크 트웨인하고는 각별한 인연을 쌓았다. 마크 트웨인은 테슬라의 연구에 관심이 많아 시간 날 때마다 그를 찾아갔다. 당시 테슬라는 가장 효율적인 전기를 찾고 있을 때라서 연구실에 지진을 시뮬레이션하는 기계를 만들어둔 터였다. 바로 고주파 발전기였다. 이 실험을 할 때마다 그 발전기는 맨해튼의 주변 건물을 마구 뒤흔들었다. 얼마나 진동이 셌는지 소화 장애로 고생하던 마크 트웨인이 화장실도 가기 전에 그만 대변을 보게 만들었다는 일화가 전해질 정도다.

테슬라는 검은색 머리와 파란색 눈의 호감형 스타일 과학자였다. 키 188센티미터에 날씬했으며 세련된 취향과 좋은 매너를 갖췄다. 많은 여성이 그에게 접근했지만 평생을 독신으로 보냈다.

'섹스는 직장과 일에서 나를 방해하는 요소야. 내가 만약 결혼한다면 위대한 발명품은 나오지 않을 거야. 그건 내가 생각하는 삶이 아니야.'

그는 술과 담배를 하지 않고 잠도 하루에 두 시간밖에 자지 않으면서 오직 발명과 연구에만 몰두했다.

"발명가의 희열과 기쁨은 음식, 잠, 친구, 사랑, 모든 것을 잊게 만든다. 뇌의 창조적인 세계가 성공적으로 펼쳐질 때 느끼는 것이상으로 인간의 마음이 황홀경에 빠지는 시간은 없다."

또한 "사랑은 받는 것이 아니라 주는 것이다"라고 말할 정도로 인간의 삶에 필요한 게 있다면 오직 거기에만 몰두했다. 테슬라에게 가장 큰 사랑은 단연 과학이었다.

1931년 7월 20일 〈타임〉 1면에 실리기도 한 테슬라는 1943년 1월 7일 뉴욕에서 86세의 나이로 사망했다. 사인은 심장마비로 밝혀졌다.

테슬라는 말했다.

"인생은 거칠고 아름답다. 발명이라는 예측할 수 없는 여정 또한 더욱 그렇다."

혹자는 테슬라가 20세기를 만들었다고도 한다. 그만큼 테슬라의 전기와 발명품은 인류에게 큰 기여를 했다. 과학자들은 그 사실을 예전부터 잘 알고 있었다.

어느 날 한 기자가 아인슈타인에게 "인류 역사상 당신이 가장 훌륭한 천재일까요?"라고 물었다. 그 말을 들은 아인슈타인은 이렇게 대답했다.

"니콜라 테슬라만이 가장 훌륭한 천재입니다."

테슬라는 단순히 '천재 과학자'로 기억되지만, 그의 삶을 깊이 들여다보면 누구보다 자기 생각을 붙잡고 끝까지 산 사람이라는 걸 알 수 있다.

니콜라 테슬라는 전기라는 세계를 상상하고, 그 상상을 현실로 끌어낸 사람이었다. 하지만 자신의 시대에는 인정받지 못했다. 발명보다 더 많은 시간을 자기 생각을 설명하고, 방어하고, 설득하고, 버티는 데 써야 했다.

그는 평생 '보이지 않는 것'을 믿었던 사람이다. 철저히 혼자만의 길을 걸었다. 말년에는 가난했고, 정신적으로도 불안했다. 하지만 자신의 생각이 틀리지 않았다는 걸 믿었고, 결국 후세가 그것을 증명했다. 오늘날의 교류 전기 시스템, 무선 통신 기술, 에너지 전송 시스템의 근간에는 그의 아이디어가 뿌리처럼 살아있다.

테슬라는 실패한 것이 아니다. 그는 단지, 너무 앞서 생각했을 뿐이다. 생각대로 산다는 건 성공과 실패로 판단할 수 있는 일이 아니다. 그저 묻는 것이다.

"나는 내 생각을 끝까지 지키며 살았는가?"

그 질문 앞에서, 테슬라라면 누구보다 조용하게 고개를 끄덕였을 것이다.

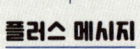
플러스 메시지

자신의 삶에서
의미를 찾는 것

마흔에 접어든 전승호 씨는 영업팀에서 근무했다. 그래서 매일 지하철을 타고 이곳저곳을 돌아다녔다. 겉보기엔 멀쩡한 삶이었지만 그에겐 의미가 없었다.

'나는 왜 이러고 살지?'

아침마다 거울을 보고 면도할 때마다 그 생각이 들었다.

하루는 지하철역에서 청소하는 사람을 봤다. 그 순간 이상하게 마음이 끌렸다. 수천 번을 지나다녔던 곳이다. 학창 시절 청소를 잘한다고 칭찬받던 생각이 났고, 정리 정돈이나 더러운 곳을 보면 참지 못하는 자신의 성격도 떠올랐다.

"청소는 누군가의 하루를 맑게 하는 의미 있는 일이잖아요."

승호 씨는 지금 새벽 5시에 출근하고, 오후 2시에 퇴근한다.

생각대로 산다는 건 자신의 삶에서 의미를 찾는 것이다. 우리는 종종 성과에 박수받으며, 의미를 잃는다. 성과는 남들이 좋아하는 것이지만, 의미는 내가 좋아하는 것이다. 생각 없이 사는 삶은 공허함만 남긴다.

02
생각대로 산다는 건 끝까지 지키겠다는 마음

사랑의 깊이를 몸소 실천한
앙드레 고르츠

2007년 프랑스 언론은 사상가 앙드레 고르츠 André Gorz 의 사망 소식을 타전했다. 그는 불치병으로 고통받던 아내와 함께 시신으로 발견됐다. 현관문에는 "경찰에 연락해 주세요"라는 쪽지가 붙어 있었다. 문을 열고 들어가자 침대에 남녀가 나란히 누워 있고, 탁자 위에는 유언장이 놓여 있었다.

"화장한 재를 우리 둘이 함께 가꾼 집 마당에 뿌려주시오."

장 폴 사르트르가 "유럽에서 가장 날카로운 지성"이라고 평가한 신마르크스주의 사상가이자 녹색 정치의 창시자인 앙드레 고르츠. 그가 아내 도린 케어와 처음 만난 곳은 파리가 아니라 스위스 로잔의 카드 게임장에서였다. 외로움에 지친 고르츠는 도린 케어를 보자마자 한눈에 반했다.

영국 출신인 도린은 어릴 때부터 어머니가 떠나버린 상태에서 친부도 없이 '대부' 아래에서 자랐다. 고아 아닌 고아였다. 따뜻한 사랑을 받지 못하고 성장한 도린에게 삶은 고통이자 공허의 연속이었다.

고르츠는 원래 오스트리아 빈 출신으로 본명은 게르하르트 히르쉬였다. 가톨릭계 어머니와 목재상이던 유대인 아버지 사이에서 태어났다. 1923년 이후 독일에서 나치가 반유대주의를 내걸자 어머니의 권유로 가톨릭으로 개종했다. 살아남기 위해서는 어쩔 수 없는 선택이었다. 고르츠의 삶이 순조로울 수 없었다.

고르츠는 도린을 진심으로 사랑했다. 둘 사이에는 아이가 없었는데 "자식을 돌보는 아내를 보면 질투심이 생길 것 같다"고 사석에서 이야기할 정도로 사랑의 깊이가 남달랐기 때문이다.

"당신 없이 나는 아무것도 아니야. 우리가 함께한 삶은 내 유일한 의미였어."

불행은 두 사람의 사랑을 질투했다. 도린이 60세 되던 해 혈관조영제 부작용으로 거미막염이라는 불치병에 걸린 것이다.

삶이 무너지는 순간, 오히려 삶은 또렷해진다. 고르츠는 자신이 평생 쌓아온 사회 이론, 비판적 글쓰기, 사르트르와의 철학적 논쟁보다 훨씬 더 개인적이고 조용한 선택을 했다.

그는 도린을 돌보기 위해 도시에서의 삶을 뿌리치고 시골로 들어갔다. 도린을 케어하며 글을 쓰고, 인터뷰를 하며 돈벌이를 했다. 그곳에서 가난했지만 누추하게 살지는 않았다. 고르츠는 시간이 날 때마다 아내에게 편지를 썼다. 이 편지는 훗날《도린에게 보내는 편지》라는 이름의 책으로 탄생했다.

당신은 곧 여든두 살이 됩니다.
키는 예전보다 6센티미터 줄었고 몸무게는 겨우 45킬로그램입니다.
그래도 당신은 여전히 탐스럽고 우아하고 아름답습니다.
함께 살아온 지 쉰여덟 해가 되었지만,
그 어느 때보다 더욱 나는 당신을 사랑합니다.

둘의 동반 자살 소식은 유럽을 비롯한 전 세계인의 심금을 울렸다. 고르츠는 그토록 사랑하는 도린을 홀로 떠나보낼 수 없어 자신의 목숨을 내놓았다.
20년이 넘도록 불치의 병에 시달리는 아내만을 위해 살아온 그가 아내의 죽음이 눈앞에 닥치자 극약을 주사해 함께 목숨을 끊은 것이다.
"우리는 둘 다 한 사람이 죽고 나서 혼자 남아 살아가는 일이 없기를 바랍니다. 우리는 서로에게 이런 말을 했지요. 혹시라도 다음 생이 있다면, 그때도 둘이 함께하자고."

앙드레 고르츠는 철학자였지만, 철학보다 더 깊은 사유를 '한 사람을 끝까지 사랑하는' 데서 배웠다. 그는 말로 살지 않았고, 말한 대로 살았다.

사랑을 말하는 사람은 많다. 하지만 사랑을 끝까지 지켜낸 사람은 드물다. 앙드레 고르츠는 말하지 않았다. 그는 다만, 생각한 대로 살았다. 그리고 그 생각의 정점에 도린이라는 여인이 있었다.

플러스 메시지

사랑이란 같은
속도로 걷는 것

어느 겨울, 눈이 소복이 쌓인 거리에서 한 노부부가 천천히 걸어가고 있었다. 남편은 단단한 군용 부츠를, 아내는 낡고 얇은 슬리퍼를 신고 있었다. 지나가던 행인이 안쓰러운 마음에 다가가 물었다.

"어르신, 왜 아내분께 따뜻한 신발을 안 신겨드렸나요?"

노인은 조용히 웃으며 말했다.

"내가 신발을 사지 않은 게 아니라, 아내가 신기 싫다고 했지요. 나보다 먼저 걷고 싶지 않다면서요. 내가 미끄러지면 같이 넘어지겠다고요."

사랑이란 같은 속도로 걷는 것이다.

03
있는 그대로의 당신을 사랑합니다

친절한 아저씨의 대명사
프레드 로저스

"그들도 우리와 똑같은 인간입니다."

여기는 미국의 인기 텔레비전 프로그램인 〈미스터 로저스의 이웃(Mister Rogers' Neighborhood)〉 촬영 현장. 이 프로그램의 진행자 프레드 로저스Fred Rogers가 카메라 화면을 응시하며 말했다.

로저스는 미국인에게 '친절함'의 대명사였고, 아이들에게도 널리 사랑받는 정다운 '이웃집 아저씨'였다. 이 전설적인 프로그램은 로저스가 40세 때인 1968년 방송 송출을 시작해 2001년 8월 31일 종영 때까지 무려 30년 넘게 31시즌에 걸쳐 912개의 에피소드로 이루어진 거대한 '로저스네 동네'를 만들어냈다.

로저스는 마지막 방송이 끝나고 2년 뒤, 74세를 일기로 천국으로 떠났다. 로저스는 방송인 겸 장로교 목사이기도 했다. 이 프로그램은 어린아이들의 교육에 큰 영향을 주었다.

"지금부터 제가 하는 행동을 잘 지켜보세요."

로저스는 양말을 벗었다. 그러곤 커다란 세숫대야에 발을 담갔다. 대야에는 이미 프랑수아 클레망이 발을 담그고 있었다. 클레망은 흑인 경찰관 역할을 맡아 인기를 끌던 배우였다.

당시 미국은 인종 분리 정책에 따라 화장실이나 수영장도 백인과 흑인이 따로 사용하고 있었다. 로저스는 아이들에게 한 세숫대야에 흑인과 백인이 함께 발을 담그는 모습을 보여줌으로써 인종 차별에 대한 강력한 메시지를 전해준 것이다.

제프 얼랭어와의 일화도 유명하다. 제프는 전신마비로 휠체어를 타고 다니는 열 살의 어린아이였다. 프레드 로저스는 제프와 함께 〈It's You I Like〉를 부르며, 그의 존재 자체가 얼마나 소중한지를 담담하고 따뜻하게 표현했다. 장애를 앓는 아이에게 '있는 그대로의 너를 좋아한다'는 메시지를 전한 명장면이었다. 이는 미국 텔레비전 역사상 가장 감동적인 순간 중 하나로 꼽힌다. 제프는 훗날 프레드 로저스의 명예의 전당 헌액식에 깜짝 등장하기도 했다.

프레드 로저스가 사람들에게 감동을 준 건 이뿐만이 아니다. 하루는 방송에 출연한 어떤 아이가 노래 부르는 걸 부끄러워하며 울먹이자 조용히 옆으로 다가가 말했다.

"정말 잘하고 있어. 지금 느끼는 것도 괜찮아."

아이의 감정을 바꾸려 하거나 그냥 "괜찮아"라고 말하며 넘기는 대신, 그 감정 자체를 인정해 주는 태도로 긴장을 풀어준 것이다.

가족을 잃은 아이가 출연했을 때는 "슬플 때는 울어도 괜찮단다"라고 말하며, 감정을 솔직하게 표현할 수 있는 공간을 마련해 주기도 했다. 어린이 방송에서 꺼리는 죽음이나 슬픔 같은 주제를 정면으로 마주한 용기 있는 장면이었다.

프레드 로저스는 매일 수많은 팬레터를 받았는데, 하루는 자녀가 아프다는 편지를 그 부모로부터 받았다. 로저스는 그 어린이에게 직접 편지를 써서 보내며 "몸은 아프지만 너의 마음은 언제나 아름다워"라는 문구를 덧붙였다. 그 아이는 오랫동안 그 편지를 보물처럼 간직했다고 한다.

또 다른 편지에는 이렇게 쓰여 있었다.

"저는 다리가 불편해서 휠체어를 타요. 그래서 친구들이 저를 놀려요. 아무도 저를 좋아하지 않아요."

편지를 손에 들고 한참을 침묵하던 그는 카메라를 응시하며 말했다.

"네가 어떤 모습이든, 어떤 어려움이 있든, 너는 사랑받기 위해 태어났단다."

또 다른 아이가 편지를 보내 "혼자라는 느낌이 들어요"라고 했을 때는 그 아이를 방송에 초대해 공감과 위로를 전하기도 했다.

"혼자라고 느껴질 때 나도 그런 기분이 들었단다."

어린 시청자가 병으로 세상을 떠났다는 소식을 들었을 때는 방송 말미에 피아노를 연주하며 잠시 말없이 화면을 응시했다. 그 정적은 어떤 말보다도 깊은 위로를 주었고, 많은 시청자가 그 순간을 평생 잊지 못할 거라 말했다.

로저스는 평소 배우 톰 행크스를 좋아했다. 영화 〈빅〉에서의 모습이 너무나 천진난만하게 보였기 때문이다. 우연인지는 모르지만, 톰 행크스는 2020년 로저스의 일대기를 다룬 영화 〈어 뷰티풀 데이 인 더 네이버후드〉에 로저스 역으로 출연했다.

이렇듯 로저스는 텔레비전이라는 매체를 어린이의 감정과 자존감을 지키는 도구로 활용했다. 그는 언제나 이렇게 말했다.

"당신은 지금 모습 그대로 소중합니다. 뭔가를 더하지 않아도, 이미 사랑받을 이유가 있습니다."

이는 단순한 위로가 아니었다. 그는 삶 전체로 이를 실천하며 살았다. 매일 5시에 일어나 피아노와 기도로 하루를 시작하고, 어린이들을 만나면 무릎을 꿇고 눈을 맞췄으며, 수많은 편지에 직접 손으로 답장을 썼다. 그의 생각은 '사랑의 실천'이었다.

생각대로 산다는 건 그에게 타인을 함부로 보지 않는 태도를 지키는 일이었다. 세상이 자극을 원할 때, 그는 느리고 조용한 진행을 고수했다. 폭력 대신 상냥함을, 효과음 대신 침묵과 시선을, 훈육 대신 이해의 언어를 선택했다.

그의 프로그램은 한결같았고, 세상에 전한 메시지도 하나였다.

"사람을 함부로 대하지 마라. 모두 사랑받기 위해 태어난 사람이다. 있는 그대로를 사랑해라."

플러스 메시지

말을 직업으로 삼고도
말에 속지 않기

"이거 몇 푼 안 되지만 받아주세요. 제 진심이 담긴 성의입니다."

몸이 불편하거나 생활이 어려운 사람이 출연하면 꼭 봉투를 준비하는 아나운서가 있다. 자신의 말보다는 다른 사람의 목소리에 귀 기울이며 30년 넘게 방송을 진행해 온 그는 기부와 봉사도 자주 한다. 공덕역에서 직장이 있는 KBS 본사까지 마포대교를 걸어서 출퇴근한다. KBS 대표 장수 프로그램인 〈아침마당〉과 〈6시 내 고향〉의 김재원金載元 아나운서.

그에게는 커다란 아픔이 있다. 열세 살에 어머니를 여의고 서른세 살에 아버지마저 떠나보낸 것. 하지만 자신의 힘으로 일어나 박사 학위까지 취득하고 KBS를 대표하는 간판 아나운서가 되었다.

그는 아나운서이지만 말을 넘어서 삶의 태도와 감정, 책임의 무게를 전하려 애쓴다. 말은 화려한 무기이고, 아나운서는 그걸 잘 다루는 사람이다. 하지만 김재원은 말한다.
"말이 많아질수록, 나는 말에 속지 않기 위해 더 오래 생각하려고 한다."
그는 누군가의 이목을 끌기 위해 말하지 않는다. 누군가의 귀를 울리기 위해 말하지 않는다. 그 대신 누군가의 마음에 오래 머무는 말을 하고 싶어 한다. 그래서 말보다 더 천천히 가는 그림을 그리고 글을 쓰기 시작했다.
김재원 아나운서에게 생각대로 산다는 건 말을 직업으로 삼으면서도 말에 속지 않는 일이다.

04
그 누구도
가지 않은 길

미국 최초 여성 의사
엘리자베스 블랙웰

"내가 암이래. 살날이 얼마 안 남았대."

엘리자베스 블랙웰 Elizabeth Blackwell에게는 암에 걸린 친구가 있었다. 엘리자베스는 그 친구를 도와주면서 여성 환자는 여성이 더 잘 보살필 수 있지 않을까, 그러려면 여성 의사가 있어야 하지 않을까 생각했다.

암에 걸린 친구가 죽음에 이르렀을 때, 엘리자베스는 눈물을 흘리며 말했다.

"내가 만약 너를 치료했더라면, 네 고통을 더 잘 알 수 있지 않았을까?"

"나도 공감해. 남자하고 여자는 신체 구조부터 다르니까. 엘리자베스, 내 부탁을 하나 들어줄 수 있겠니?"

"뭐든 말해."

"의사가 되어줘, 간호사 말고. 물론 어려운 일이라는 것은 알아. 하지만 여성의 신체 구조를 잘 아는 여성 의사가 필요해. 간호사로는 한계가 있으니까."

"그래, 약속할게. 꼭 여성 의사가 될게."

1800년대에는 미국에서도 여성의 사회 진출이 막혀 있는 분야가 많았고, 의료계 역시 그중 하나였다. 1821년 영국 브리스톨에서 태어나 1832년 미국으로 건너온 엘리자베스 블랙웰은 친구의 부탁이 얼마나 어려운 일인지를 잘 알았다. 하지만 친구의 말이 맞았다. 여자에게도 의사가 필요했다.

당시에는 여자가 의대에 들어갈 수도 없거니와 학비 또한 비쌌다. 엘리자베스는 교사 일을 하며 의과대학 학비를 마련하기 시작했다. 그리고 필라델피아에 있는 몇몇 의대에 원서를 냈다. 예상대로 어떤 의대도 그녀를 받아주지 않았다.

"꼭 의사가 되고 싶으면 남장을 하고 프랑스 파리로 가는 게 더 빠를 거야."

대학 관계자들의 농담에 엘리자베스는 화가 났지만 참을 수밖에 없었다. 모두가 거부하는 가운데 뉴욕주에 있는 제네바 의과대학에서 그녀의 입학을 허락했다. 엘리자베스는 즉시 달려갔다. 그런데 분위기가 이상했다.

'다들 내게 왜 이러는 거지?'

한참 후에야 그 이유를 알 수 있었다. 사실 제네바 의과대학에서도 엘리자베스의 입학을 원치 않았다. 하지만 엘리자베스를 추천한 교수의 체면을 생각해 학생들의 의견을 물어봤고, 학생들은 여자의 의대 입학이 재미있다고 생각해 찬성한 터였다.

"어떻게 여자가 감히 의대에 들어와."

학생들은 이내 자신들의 장난을 후회했지만, 이미 입학 허가가 떨어졌고 수업료도 납부했기 때문에 되돌릴 수 없었다. 예상한 대로 엘리자베스의 학교 생활은 순탄치 않았다. 교수들은 그녀에게 따로 떨어져 앉으라고 명령하는가 하면, 실험실 사용을 못 하게 하는 일도 잦았다. 어떤 남학생은 위협을 가하기도 했다. 남녀의 구분을 방해하는 나쁜 여자라는 손가락질을 당하기도 했다.

'하지만 나는 결코 굴하지 않을 거야.'

엘리자베스는 온갖 어려움을 이겨내고 1849년 의대를 졸업했다. 그것도 1등이었다. 당시 미국은 물론 유럽을 포함해도 의대 과정을 이수한 여성은 엘리자베스가 처음이었다.

학교를 졸업한 엘리자베스는 산부인과와 소아과 전문 병원에 취직했다. 그러나 주어진 업무는 거의 간호사의 일이었다.

"아악!"

어느 날, 엘리자베스는 눈에 화학 약물이 튀는 사고를 당해 한쪽 눈의 시력을 잃고 말았다. 의사의 꿈을 접어야 할지 불안하고 실망도 컸지만, 엘리자베스는 좌절하지 않고 영국 런던으로 건너가 세인트 바살러뮤 병원에서 수련을 계속했다.

1851년 다시 미국으로 돌아온 엘리자베스는 뉴욕시에서 진료소를 열었다. 그러나 처음 보는 여의사가 생소한지라 환자들이 별로 없었다. 엘리자베스는 극빈 지역에 새로운 진료소를 열고 가난한 사람들을 돌보기 시작했다.

'내겐 두 가지 꿈이 있어. 하나는 여성과 어린이를 위한 병원을 세우는 것, 또 하나는 여성을 위한 의과대학을 설립하는 것이야. 이 두 가지 꿈을 이룰 때까지 포기하지 않을 거야.'

얼마 후, 엘리자베스는 미국에서 세 번째로 의대를 졸업한 친여동생 에밀리와 함께 헌 집을 수리해 병원을 열었다. 첫해에는 1년 내내 환자 300명을 본 게 전부였지만, 그다음 해에는 3000명으로 늘어났다.

그러는 동안 충분히 막을 수 있는 병으로 고생하는 환자를 많이 보았다. 그래서 예방의학의 중요성을 깨달았다. 엘리자베스는 환자의 집을 방문하기 시작했다. 환자의 집을 찾아가 청결 유지법, 음식 관리법 등을 가르쳐줌으로써 질병을 미리 예방할 수 있도록 해주었다.

"얼마든지 예방할 수 있는 병 때문에 고통받고 죽는 일은 없어야 해."

엘리자베스의 예방의학 이론이 뉴스를 타고 확산했다. 의학계에서도 차츰 그 이론의 중요성을 인정했고, 지금은 보건 의학 분야의 중요한 영역으로 자리 잡았다.

엘리자베스는 미국 최초의 간호 학교를 세운 것으로도 잘 알려져 있다. 그뿐만 아니라 1868년에는 뉴욕에 여자 의과대학을 설립했다. 미국에서 어느 정도 성공을 거뒀다고 생각한 엘리자베스는 의대 운영을 동생 에밀리한테 맡기고 런던으로 건너갔다. 그곳에서도 여자 의과대학을 설립했다. 1871년에는 국립보건학회를 설립해 영국의 보건 증진에 크게 기여했다.

엘리자베스의 삶은 말한다.

"내가 진짜 원하는 것이 있다면, 그 누구도 나를 막을 수 없다."

"남들이 인정해 주기 전에 내가 먼저 나를 인정해야 한다."

이렇게 엘리자베스는 '의사'가 아니라 '가능성'이 되었다. 사람들의 비웃음을 결국은 찬사로 바꾸었다.

플러스 메시지

가지 않은 길

로버트 프로스트

노란 숲속에 길이 두 갈래로 났었습니다.
나는 두 길을 다 가지 못하는 것을 안타깝게 생각하면서,
오랫동안 서서 한 길이 굽어 꺾여 내려간 데까지,
바라다볼 수 있는 데까지 멀리 바라다보았습니다.

그리고 똑같이 아름다운 다른 길을 택했습니다.
그 길에는 풀이 더 있고 사람이 걸은 자취가 적어,
아마 더 걸어야 될 길이라고 나는 생각했었던 게지요.
그 길을 걸으므로, 그 길도 거의 같아질 것이지만.

그날 아침 두 길에는 낙엽을 밟은 자취는 없었습니다.
아, 나는 다음 날을 위하여 한 길은 남겨두었습니다.
길은 길에 연하여 끝없으므로
내가 다시 돌아올 것을 의심하면서…….

훗날에 훗날에 나는 어디선가
한숨을 쉬며 이야기할 것입니다.
숲속에 두 갈래 길이 있었다고,
나는 사람이 적게 간 길을 택하였다고,
그리고 그것 때문에 모든 것이 달라졌다고.

05
당신의 생각은
어느 정도의 속도로
가고 있는가

꿈을 현실로 만든 뚝심
엔초 페라리

"포르쉐에 대해 어떻게 생각하세요?"

누군가가 엔초 페라리Enzo Ferrari에게 물었다.

"포르쉐? 그건 스포츠카가 아니라 비싼 폭스바겐이지!"

페라리 특유의 자존심과 경쟁의식이 잘 드러나는 대목이다. 세계적인 명품 자동차로 유명한 페라리의 전설은 어떻게 시작되었을까? 이를 알아보기 위해서는 1898년 이탈리아 북부 모데나로 시간을 돌려야 한다.

'굉장한걸! 빠르고 박진감이 있어!'

엔초 페라리가 10세 때인 1908년 볼로냐에서 자동차 경주가 열렸다. 페라리는 거기에서 영혼을 빼앗겨버렸다. 이렇게 박진감 넘치고 남성다운 스포츠를 직접 본다는 것은 어린 소년에게 꿈같은 일이었다.

'저 차를 내가 직접 몰 수 있다면 어떤 기분일까?'

결국 페라리는 13세 때부터 운전을 시작했다. 스포츠에 조예가 깊어 15세 때는 스포츠 신문에 축구 기사를 기고할 정도였다. 그의 기사에는 사람들을 매혹시키는 공감력과 통찰력이 있었다.

'맞아. 내 꿈을 잠시 잊고 있었어. 나는 레이싱 드라이버가 되어야 해.'

어느 날, 이탈리아 출신 디 파르마가 미국 최대의 레이싱 대회인 '인디애나폴리스 500'에서 극적으로 우승했다는 소식을 듣고 페라리는 예전의 꿈을 기억해 냈다. 그리고 그 꿈을 이루기 위해 자동차 회사의 트럭 운전사로 취직했다. 그의 나이 20세 때였다.

"페라리라고 했던가? 나는 펠리체 나자로라고 하네."

페라리에게는 꿈만 같은 순간이었다. 당시 이탈리아 드라이버 중 한 명인 나자로를 소개받은 것이다. 나자로의 소개로 스포츠카 메이커로 직장을 옮긴 페라리는 곧 운전 실력을 인정받아 레이싱에 데뷔했다.

첫 출전한 레이싱은 50킬로미터의 산길을 달리는 경주였는데, 페라리는 여기에서 종합 11위를 기록했다. 그 후로 페라리의 실력은 날로 발전했다. 그러다 마침내 1929년 자신만의 레이싱 팀인 '스쿠데리아 페라리 Scuderia Ferrari'를 만들었다. 오늘날 페라리 자동차 앞 펜더에 달린 엠블럼의 SF는 이 이름의 약자다. 스쿠데리아 페라리는 전 세계에서 가장 유명한 레이싱 팀으로 떠올랐다.

'내 레이싱이 더 높은 곳으로 올라가려면 여기에서 멈춰선 안 돼. 내가 직접 차를 만들 수 있어야 해.'

페라리는 곧 자동차를 생산했고, 1947년 드디어 '포뮬러 1'과 '르망 24시'에서 그 진가를 발휘하기 시작했다. 이후 1988년까지 무려 5000번의 우승 타이틀을 거머쥘 정도로 스쿠데리아 페라리는 막강한 팀으로 성장했다.

페라리의 능력은 분명 뛰어났다. 하지만 자존심이 강한 수준을 넘어 오만하고 독선적인 성격이라 사람들에게 악명이 높았다. 그중 페라리의 라이벌 페루치오 람보르기니Ferruccio Lamborghini와의 만남이 지금까지도 회자되고 있다.

당시 트랙터를 비롯한 농기계를 만드는 사업가로 명성이 자자하던 람보르기니가 페라리를 찾아갔다.

"람보르기니라고 합니다. 우리 집에 당신이 만든 페라리가 몇 대 있지요. 그런데 당신이 만든 클러치에는 개선할 점이 몇 가지 있습니다."

람보르기니는 그 자리에서 페라리에게 엄청난 모욕을 당했다.

"람보르기니라고 했나? 트랙터나 모는 주제에 내 차에 대해 뭘 아는 게 있겠나? 아마도 자네 같은 사람은 평생 페라리를 제대로 몰지도 못할 거야."

람보르기니 또한 보통 사람은 아니었다. 모욕을 받고 격노한 그는 페라리보다 더 나은 스포츠카를 만들기로 다짐했다. 트랙터 회사였던 람보르기니가 슈퍼카 사업에 뛰어든 순간이었다.

현재는 폭스바겐 그룹 산하에 편입됐지만, 말로 비유되는 페라리와 황소로 비유되는 람보르기니는 반세기가 지난 오늘날까지도 슈퍼카 시장의 가장 강력한 라이벌로 여겨진다.

엔초 페라리의 경영 철학은 단순한 자동차 제조를 넘어 열정, 혁신 그리고 완벽을 향한 집념으로 요약할 수 있다. 그냥 자동차가 아닌 '레이싱 DNA'가 깃든 차를 만들고자 했으며, 경주를 위한 자동차라는 철학을 중심으로 사업을 발전시켜 나갔다.

"나는 자동차를 팔기 위해 경주를 한 게 아니라, 경주를 하기 위해 자동차를 팔았다."

페라리 신념을 잘 보여주는 말이다.

또한 품질과 성능을 중시했다. 대량 생산을 지양하고, 철저한 장인 정신을 바탕으로 차량을 제작했다. 그는 "고객이 원하는 게 아니라, 고객이 갈망하게 될 것을 만들어야 한다"며 혁신적인 디자인과 기술을 강조했다. 이러한 혁신은 레이싱에서 배운 것으로, 모터스포츠 경쟁을 통해 기술을 검증하고, 이를 브랜드 정체

성과 연결시킨 것이다.

"모든 사람이 페라리를 타게 할 생각은 없다. 간절히 원하지만 가질 수 없을 때 가치는 더욱 올라간다."

이는 희소성과 명품 전략으로 이어졌다. 브랜드의 명성을 유지하기 위해 생산량을 제한하기도 했다.

그의 철학은 오늘날까지도 페라리 브랜드를 차별화하는 중요한 요소로 작용하고 있으며, 자동차를 넘어 '꿈의 브랜드'로 자리 잡게 만들었다.

엔초 페라리는 미국의 헨리 포드가 회사를 판매하라고 제안했을 때, 이를 단칼에 거절했다. 그건 단 한 가지 이유 때문이었다.

"내가 만든 이 브랜드는 내가 지켜야 한다."

사람들은 지금 팔면 인생 바뀐다며 말렸다.

하지만 그는 이렇게 답했다.

"내 인생은 이미 바뀌었어. 난 내 생각대로 살고 있잖아."

페라리는 단순히 빠른 차가 아니었다. 그건 경영자의 생각을 끝까지 밀어붙인 집념의 결과물이었다.

생각대로 산다는 건 자기 이름으로 불릴 만한 철학 하나쯤은 갖고 산다는 뜻이다. 페라리는 자기 사유의 속도로 자동차를 만들었다. 오늘, 당신의 생각은 어떤 속도로 가고 있는가?

플러스 메시지

덕업일치는
아늑하고 따뜻하다

정신분석학자 로런스 굴드는 자신의 직업을 생계 수단으로만 생각하지 말고 또 하나의 취미 활동으로 생각하라고 조언한다. 요즘 말로 하면 '덕업일치'를 이루라는 것이다. 말처럼 쉽지는 않지만, 덕업일치를 이룬 사람들의 만족도가 높은 것은 사실이다.

또한 자신은 안 된다고 처음부터 단념해 버린 탓에 위대해질 기회를 놓친 사람이 많다고 지적한다.

"당신은 당신의 재능을 미리부터 낮게 여겨서는 안 된다. 기회 앞에서 뒷걸음치지 마라."

기회가 왔을 때 그걸 잡으려면 준비가 필요하다. 그렇지 않으면 기회가 와도 손가락 사이로 빠져나간다.

또한 로런스 굴드는 질투심 많은 사람은 적어도 행복한 조건에서 이탈한 사람이라고 조언한다. 질투는 자신이 가진 것에서 즐거움을 찾지 않고, 남의 소유물 때문에 괴로워하는 기분이다. 행복은 자기 소유의 물건을 사랑할 수 있는 사람의 것이라는 얘기다. 남의 주머니에 든 물건을 탐내지 않는 것이 행복의 중요한 조건이다.

덕업일치는 이런 질투심과 기회를 지렛대 삼아 일어나는 것이다. '사는 대로 생각하는 것'이 아니라 '생각대로 사는 것'이다. 나 또한 덕업일치를 이룬 사람이다. 진실을 밝히자면 꽤 아늑하고 따뜻하다.

06
인생은 저마다 다르게 살아야 한다

염세주의에서 인생의 의미를 찾은
쇼펜하우어

"외로움을 피하려고 가까이하지만, 너무 가까워지면 상처를 주고받는다."

추운 겨울, 고슴도치 두 마리가 서로의 체온을 나누기 위해 가까이 다가가려 한다. 하지만 너무 가까이 다가가면 가시 때문에 서로를 찌르게 된다. 그렇다고 너무 멀어지면 추위에 떨 수밖에 없다. 결국 적절한 거리를 유지하는 게 가장 현명한 방법이다.

이를 '고슴도치 딜레마'라고 하는데, 아르투어 쇼펜하우어 Arthur Schopenhauer가 처음 이 개념을 제시했다. 인간관계의 근본적인 어려움을 설명하는 비유다. 친밀감을 원하지만 동시에 상처받을까 봐 두려워하는 인간의 내적 갈등을 상징한다. 연애, 우정, 가족 관계 등에서 나타날 수 있으며 '적당한 거리 두기'가 중요하다는 걸 시사한다.

이 고슴도치 딜레마의 영향 때문인지 쇼펜하우어는 평생 독신으로 살았다. 그의 철학과 삶을 보면, 독신주의적 성향이 강했던 이유를 알 수 있다. 그는 인간의 삶을 고통과 번뇌로 가득 찬 것이라고 보았다. 결혼과 사랑도 일시적 환상이며 결국 갈등과 불행을 초래한다고 생각했다. 특히 〈여성에 대하여〉라는 글에서 여성에 대한 편견이 담긴 부정적 의견을 많이 남겼다. 결혼을 '사슬' '자유를 제한하는 것'이라고 표현하기도 했다.

그는 인간관계보다 철학, 음악, 예술을 더 중요하게 여겼다. 특히 베토벤의 음악을 좋아했고, 칸트의 철학에 영향을 받았다. 이렇게 인간관계를 멀리했지만, 개 한 마리를 무척이나 사랑했다.
"사람은 멍청하고 이기적이지만 개는 순수하고 충실하다."
그는 아트만$_{Atman}$이라는 이름의 푸들을 늘 데리고 다녔다. 산스크리트어로 '영혼'이라는 뜻이다. 동물에 대한 연민을 강조하며 채식주의를 옹호하기도 했다.

쇼펜하우어가 이렇게 유유자적할 수 있었던 것은 아버지가 물려준 유산 덕분이었다. 그래서 가난한 철학자들과 달리 넉넉하게 살 수 있었다. 교수직에서 물러나고서도 돈 걱정 없이 혼자 연구하며 살았다.
"세상에서 가장 중요한 것은 자신을 아는 것이다."
쇼펜하우어의 명언은 정말 깊은 의미를 담고 있다. 이 말은 자기 인식의 중요성을 강조한다. 우리가 삶을 잘 살아가기 위해서는 자신의 내면을 이해하고, 자기 자신과 진정으로 소통할 필요가 있다는 뜻이다.

자기 이해는 외부 세계와의 관계에서 중요한 기초를 제공한다. 자신이 무엇을 원하는지, 무엇을 두려워하는지, 어떤 가치관을 갖고 있는지 아는 것은 올바른 결정과 행동을 하는 데 큰 도움을 준다.

자기 수용도 중요한 부분이다. 자신을 이해하고 받아들이는 과정은 외부의 비판이나 압박에 흔들리지 않고 자신만의 길을 갈 수 있게끔 해준다.

자신을 잘 이해하면 타인과의 관계에서도 더 깊은 공감과 배려를 할 수 있다. 자신이 어떤 사람인지 알면, 상대방의 감정과 입장을 더 잘 이해하고 존중할 수 있기 때문이다.

그리고 자아 성찰을 통해 자기 개선과 성장을 도모할 수 있다. 자신의 약점이나 강점을 파악하면, 더 나은 방향으로 나아갈 기회를 얻을 수 있다. 쇼펜하우어는 인간 존재의 고통을 이야기했지만, 자기 인식을 통해 그걸 극복하고 더 나은 삶을 살아갈 수 있다고 보았다.

쇼펜하우어는 젊을 때는 철저히 무시당했지만, 나이가 들수록 점점 사람들의 인정을 받기 시작했다. 말년에는 많은 사람이 그의 사상을 연구하며, 그를 위대한 철학자로 대우했다.

이에 대해 쇼펜하우어는 "나는 한 세대 너무 일찍 태어났다"며 씁쓸해했다. 젊은 시절 인정받지 못했다는 점에서는 니체와 비슷한 면이 있다.

쇼펜하우어는 기쁨보다 고통이 삶의 본질이라고 말했다. 아울러 그 고통을 이겨내는 유일한 길은 욕망에서 벗어나는 것, 예술과 철학 그리고 명상 속으로 도피하는 것이라고 믿었다. 세상은 그를 냉소주의자라고 불렀지만, 사실은 누구보다 삶에 대해 진심으로 고민한 사람이었다.

"진짜 고통스러운 삶이란 다른 사람의 생각으로 사는 것이다."

쇼펜하우어가 죽은 뒤, 사람들은 뒤늦게 그를 다시 읽기 시작했다. 니체, 카프카, 베르그송, 톨스토이까지 모두가 그로부터 인생에 대한 정직한 시선을 배웠다. 그는 인기나 인정이 아닌 자기 사유의 힘으로 영원성을 얻었다.

쇼펜하우어는 비관주의자가 아니었다. 세상을 너무나 사랑해서 거짓된 위로를 거부한 사람이었다.

생각대로 산다는 건 때로 외롭고 이상해 보이더라도 진실한 감정과 진짜 질문을 놓지 않는 삶이다. 그런 생각은 결국 시간이 지나 혼자가 아닌 철학이 된다.

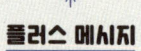
플러스 메시지

괴짜 철학자들의
기묘한 이야기 5선

디오게네스 – 철학계의 진정한 노마드

알렉산드로스 대왕이 찾아와 "소원이 있다면 말해보라"고 했을 때, 디오게네스는 이렇게 말했다. "햇빛을 가리지 말게." 그는 황제 앞에서도 위축되지 않았다. 통 속에서 살았고, 낮에도 등불을 들고 다니며 정직한 인간을 찾았다.

이마누엘 칸트 – 시계보다 정확한 산책자

매일 정해진 시간에 산책을 해서, "칸트가 지나가면 시계를 맞췄다"는 말이 나올 정도였다. 여행을 한 번도 하지 않고 평생 한 도시에서만 살며 세계를 사유했다.

루트비히 비트겐슈타인 - 철학자 or 광인

케임브리지 대학에서 강의하던 중 학생이 뭔가를 잘못 이해하자 의자를 던지려 했다는 일화가 전해진다. 막대한 유산을 거절하고 거의 수도사처럼 살았다. 총기를 설계하고 초등학교 교사로도 일했다.

프리드리히 니체 - 말과 함께 울다

이탈리아 토리노에서 마부가 말을 학대하자, 니체는 그 말한테 달려가 "내 형제여!"라고 외치며 끌어안고 오열했다. 이후 정신이 무너졌다고 한다. 사랑에 번번이 실패하고, 평생 병약하게 살면서도 혁명적인 글을 남겼다.

소크라테스 - 아테네의 괴짜 선생님

제자들이 아내 크산티페의 악행에 대해 언급하자, 그녀와 살 수 있으면 어떤 사람과도 살 수 있을 거라고 말했다. 평생 가난하게 살며 대화만으로 사람을 설득했고, 결국 독배를 들었다.

PART 2

*Il faut vivre comme on pense,
sans quoi l'on finira par penser comme on a vécu*

07
생각은
혼자만의 훈련으로
자란다

이도류의 야구 천재
오타니 쇼헤이

◆

이도류二刀流는 일본 검술에서 오른손과 왼손에 각각 칼을 들고 공격과 수비를 하는 기술을 총칭한다. 이도검법이라고도 한다. 야구에도 이도류가 있다. 투수와 타자를 함께하는 선수를 말하는데, 바로 LA 다저스의 오타니 쇼헤이大谷翔平다.

오타니 하면 가장 유명한 것 중 하나가 고등학교 1학년 때 세워놓은 만다라트Mandal-Art 계획표다. 중앙의 정사각형 한가운데에 최종 목표를 적고, 그걸 이루기 위한 여덟 가지 서브 목표가 그 주위를 둘러싸고 있다. 또 그 바깥의 커다란 정사각형 안에 각각의 서브 목표를 달성하기 위한 구체적인 방법이 8개씩 적혀 있다. 오타니는 고등학생 때부터 이처럼 실제적이고 세밀한 계획을 세워 실천에 옮겼는데, 이 중에서도 특히 운運을 이루기 위한 방법으로 여러 가지 선행을 적은 점이 특히 인상적이다.

그는 고등학교 시절부터 일본 프로 야구를 거쳐 메이저리그에 진출해서도 만다라트 계획표를 잘 따르고 있다. 일례로 그라운

드에 쓰레기가 보이면 지체 없이 줍거나, 마운드에서 상대 선수의 부러진 배트를 직접 주워 배트 보이에게 건네기도 한다. 심판의 명백한 오심 판정이나 불쾌할 수 있는 부정 투구 검사에도 담담하게 웃으며 대처한다. 메이저리그에서는 중계 화면에 그런 생소한 장면이 잡힐 때마다 화제가 되곤 한다.

"다른 사람이 무심코 버린 운을 줍는 겁니다."

쓰레기를 줍는 이유를 위와 같이 설명해 남다른 마인드를 보여주기도 했다. 특히 운을 위해 선행을 한다는 사실이 사람들한테 감동을 주어 인스타그램의 인기 해시태그에 #오타니만다라트가 오르기도 했다.

"성공이나 실패는 나와 상관없다. 그것을 해보는 게 중요하다."

그의 매너와 프로 정신은 유명하다. 경기 중 자신이 타격한 파울볼이 더그아웃이나 관중석 쪽으로 빠르게 날아갈 경우, 소리를 질러 상대가 주의할 수 있도록 한다. 투수로 등판할 때도 상대 타자의 파울볼이 더그아웃 쪽으로 빠르게 날아가자 소리를 지르는 모습이 화면에 잡혔다.

2018년 오타니가 메이저리그에 진출한 뒤 부진을 겪자 대선배 스즈키 이치로에게 조언을 구한 일이 있다. 이때 이치로는 이렇게 말했다.

"너 자신을 기억해. 스스로 이 자리까지 왔으니, 지금까지 해오던 것을 유지해."

하지만 오타니는 계속해서 변화를 추구하는 사람이었다. 그래서 그 조언의 의미를 곱씹은 결과, '항상 진화하라'는 뜻으로 받아들였다고 한다.

오타니는 2023년 12월 10일 LA 다저스로 이적을 확정하며 10년간 7억 달러라는 역대 최고액에 사인했다. 한때 형제처럼 믿었던 통역사의 횡령으로 큰 피해를 보았지만 개의치 않고 자신의 게임에만 집중했다.

"메이저리거로 이뤄진 미국 선수들을 동경하는 마음이 있었더라도, 오늘 경기에서만큼은 그런 생각을 내려놓자."

오타니는 미국 마이애미에서 열린 2023 월드 베이스볼 클래식WBC 결승전을 앞두고 일본 선수단의 사기를 끌어올리는 명연설을 했다. 오타니의 발언이 자극제가 됐을까. 일본은 선취점을 내준 뒤에도 주눅 들지 않고 경기를 뒤집었다.

일본은 2회 초 선취점을 빼앗겼지만 쉽게 물러서지 않았다. 2회 말 무라카미 무네타카의 동점 홈런과 라스 눗바의 땅볼 타점으로 역전했다. 4회 말에는 오카모토 가즈마의 솔로 홈런까지 나왔다. 다르빗슈 유가 카일 슈와버에게 솔로 홈런을 맞았지만 여전히 일본이 주도권을 유지했다.

그리고 명장면이 펼쳐졌다. 그해 전 세계 야구 게임을 통틀어 가장 극적인 승부라고 해도 지나치지 않을 만큼 운명 같은 맞대결이었다.

3 대 2로 앞선 상황에서 맞이한 9회 초, 오타니가 일본의 마무리 투수로 마운드에 올랐다. 1점 차이에서 만난 상대는 다름 아닌 마이크 트라웃이었다. 당시만 해도 LA 에인절스의 동료이던 두 사람이 서로의 나라를 대표하는 선수로 외나무다리에서 만난 것이다. 풀 카운트 승부 끝에 오타니가 스위퍼로 헛스윙 삼진을 잡고 포효했다.

명승부로 경기가 끝난 후, 다시 오타니의 명연설이 야구 팬들 사이에서 화제가 됐다.

"선입견은 가능을 불가능하게 한다."

생각은 혼자만의 훈련으로 자란다. 오타니는 팀보다 자기 루틴을 더 소중히 여긴다. 새벽에 혼자 훈련하고, 시합이 없는 날에도 경기 루틴을 흉내 내며 하루를 지낸다. 생각대로 산다는 건 '생각만 하고 마는 것'이 아니라, 그 생각을 몸으로 구현하는 것이다. 그는 입으로 말하지 않는다. 몸으로 말한다. 성적으로 말한다. 생각의 일관성으로 말한다.

오타니 쇼헤이는 단순한 야구 선수가 아니다. 생각의 결과물이 인생 전체를 어떻게 바꾸는지 보여주는 사람이다. 오타니는 재능으로 증명하지 않았다. 계획으로, 루틴으로, 생각의 일관성으로 증명했다. 생각대로 사는 삶은 말이 아니라, 습관으로 증명한다. 지금 당신은 하루의 루틴으로 살아가고 있는가.

플러스 메시지

작은 루틴 하나
만들기

"나는 깨어 있다."

아침 6시, 스스로 눈을 뜬다는 건 세상에 먼저 말을 거는 일이다. 하지만 마지못해 눈을 뜨면, 일터가 깨우고, 전화가 흔들고, 사람들의 말이 나를 끌고 간다. 사는 대로 생각하게 되는 시간의 시작이다.

누구는 하루의 리듬을 '자율'로 채운다. 누구는 리듬 없이 '의무'에 쫓긴다. 이 둘의 차이는 놀랍도록 사소하지만, 삶의 방향을 통째로 바꾼다.

루틴은 단조롭다. 그래서 위대하다.

칸트는 매일 같은 시간에 산책했고, 쇼펜하우어는 매일 같은 식사 자리를 지켰다. 그들에게 루틴은 감옥이 아니라, 생각을 풀

어내는 키Key였다.

루틴을 만든다는 건 생각대로 살겠다는 의지의 시작이다. 오늘 하루, 작은 루틴 하나를 만들어보는 건 어떨까?

08
생각대로 살지 않으면 사는 대로 웃어야 한다

영원한 캡틴, 영화배우
로빈 윌리엄스

Robin McLaurin Williams

"누군가를 웃게 하는 것은 어쩌면 가장 외로운 사람만이 할 수 있는 일이다."

로빈 윌리엄스Robin McLaurin Williams는 웃기는 사람이었다. 그런데 웃기고 나면 혼자 있었다. 아버지는 자동차 회사를 오가느라 늘 부재했고, 어머니는 항상 단정한 미소 뒤에 감정을 숨겼다. 넓은 저택에 살면서도 외동인 로빈은 자신만의 방에서 인형과 말장난을 하며 혼자 놀았다. 목소리와 표정을 바꿔가며 스스로 캐릭터를 만들고 스스로 관객이 되었다.

그의 첫 번째 웃음의 기억은 찰리 채플린이었다. 무성 영화 속에서 넘어지는 사람을 보고 웃는 관객을 통해 그는 느꼈다.

'슬픔도 웃음이 될 수 있다면, 이건 마법이야.'

그래서 그 마법을 쓰는 사람이 되기로 했다. 고등학교에선 눈에 띄지 않는 학생이었다. 하지만 연극 무대 위에서라면 누구보다 빛났다. 순식간에 다른 사람이 되고, 웃음을 만들고, 관객을 휘

어잡았다. 그 재능으로 '관심'과 '사랑'을 얻는 법을 배워갔다.

'사람들이 날 좋아하게 하려면, 웃음을 줘야 해.'

그 믿음이 그를 웃음의 천재로, 동시에 고독의 장인으로 만들었다. 그의 커리어는 텔레비전 쇼 〈모크 & 민디〉에서 폭발했다. 그는 즉흥 연기의 귀재였다. 대본에 없는 말을 쏟아내고, 다섯 가지 목소리로 한 장면을 연기하고, 녹화 도중에도 스태프를 웃게 만들었다. 그는 늘 인기의 중심에 있었다. 하지만 로빈은 말한다.

"무대에서 내려오는 순간, 공기가 달라졌다. 사람들이 날 좋아하는 게 아니라, 내가 만든 '인물'을 좋아하는 것 같았다."

사랑받기 위해 더 웃기려 했고, 웃기기 위해 점점 더 자신을 밀어붙였다. 그러다 어느 순간 알코올에 기대기 시작했다. 그 웃음은 너무나 아프고 너무나 외로웠다.

하지만 그의 진심은 영화에서 더욱 깊이 피어났다.

〈죽은 시인의 사회〉에서 그는 말했다.

"카르페 디엠, 지금 이 순간을 붙잡아라."

학생들을 책상 위에 세우며 말한 그 장면은 단순한 연기가 아니었다. 그건 어릴 적 자신에게 던지는 조언이었다. 늘 얌전하게 남의 눈치만 보던 아이한테 이제는 일어나 삶을 사랑하라고 말해준 것이다.

〈굿 윌 헌팅〉에서는 상처 입은 소년에게 끝없이 다가가는 상담사 역할을 맡았다. 이 역할은 그의 실제 인생과도 닮았다. 그는 누군가의 마음을 두드리되 강요하지 않았다. 그의 말 한마디, 침묵 한순간에 수많은 사람의 감정이 흔들렸다.

"네 잘못이 아니야."

그 말은 연기이기 전에 삶을 버티는 사람에게 건네는 진심이었다.

〈패치 아담스〉에서는 환자를 웃기는 의사로 변신했다.

로빈이 정말 하고 싶었던 일, 즉 '사람을 웃게 해서 살리는 일'을 가장 진하게 보여준 작품이다. 그는 언제나 '사람'에 대한 믿음을 가슴에 품었다.

"웃음은 약이다. 진심이 섞인 웃음은 더 강한 약이다."

하지만 사람을 살리던 그도 자신은 끝내 살리지 못했다. 2014년에 그는 조용히 세상을 떠났다. 파킨슨병과 초기 치매 그리고 오랫동안의 우울증이 그를 잠식했던 것이다. 사람들은 깜짝 놀랐다.

"그렇게 밝던 사람이 그렇게 아팠다니……."

그러나 그의 인생을 되짚어본 사람들은 이내 깨달았다. 그는 삶 내내 진심으로 사람을 웃게 하려고 애썼다는 걸 말이다.

그의 영화는 여전히 울음을 남긴다. 그의 대사는 여전히 누군가의 가슴에 박혀 있다. 그가 연기한 인물은 결국 모두가 로빈 윌리엄스 자신이었다. 로빈은 살아 있는 내내 생각대로 살기 위해 버텼다. 외로운 사람들에게 다가가기 위해, 상처받은 사람들에게 웃음을 주기 위해. 그가 우리에게 묻는 듯하다.

"당신은 지금 당신의 삶을 붙잡고 있나요?"

생각대로 살지 않으면 사는 대로 웃어야 한다. 그는 그것이 얼마나 허무한 일인지 몸으로 보여줬다. 그래서 지금도 우리는 로빈 윌리엄스를 떠올릴 때 울면서 웃는다. 웃으면서도 가슴이 저릿하다. 그는 세상을 떠났지만, 그가 보여준 삶의 방식은 여전히 살아 있다. 그는 생각대로 살았다.

플러스 메시지

누구나 자신만의 무대가 있다

송지연 씨는 30대 중반의 연극배우다. 대학로에서 10년째 조연만 맡고 있다. 하지만 연습실로 가는 발걸음은 언제나 가볍다. 부모님은 늘 잔소리를 한다.

"이제 그만 현실을 봐라."

먼저 결혼한 친구들도 '취집'이 좋다고 놀려댄다.

하지만 지연 씨는 안다. 무대 위에서의 시간이 자신을 의미 있는 존재로 만들어준다는 사실을. 매달 버는 돈은 빠듯하지만 밥을 굶을 정도는 아니다.

생각대로 산다는 건 존재감을 잃지 않고 자기 무대를 지키는 것이다. 지금 지연 씨에게는 화려한 조명이 비치지 않지만, 그녀가 서 있는 곳이 삶의 무대다.

09
말보다 늘 무겁게 살아온 리더십

독일을 16년간 이끈 총리
앙겔라 메르켈

"누구도 그녀가 독일을 16년간 이끌 총리가 될 거라 상상하지 못했다."

앙겔라 메르켈Angela Merkel은 분단된 독일의 동쪽, 공산주의 체제 아래서 태어났다. 목사인 아버지를 따라 이념의 벽 안으로 들어온 가족. 그녀는 체제에 순응하는 듯 보이면서도 내면 깊은 곳엔 늘 질문을 품고 살았다.

'왜 이 세계는 이렇게 나뉘어 있어야 하지?'

'다른 생각을 말하는 건 왜 위험한 일이지?'

어릴 적부터 메르켈은 눈에 띄지 않았다. 조용했고, 친구도 많지 않았다. 운동도 못 하고, 말주변도 없었다. 하지만 한 가지 면에서 두각을 나타냈다. 그건 바로 생각하는 능력이었다. 수학과 과학을 사랑했고, '틀리지 않은 정답'보다 '확실하게 증명할 수 있는 원리'를 더 좋아했다.

메르켈은 물리학자가 되었다. 원자와 분자, 에너지와 질량 등

눈에 보이지 않지만 세상을 구성하는 힘들에 관심이 많았다. 어쩌면 사람들보다도 물리 공식이 더 편했는지 모른다.

그러던 1989년 마침내 베를린 장벽이 무너졌다. 세상도, 그녀의 인생도 크게 흔들렸다. 서독과 동독이 다시 하나가 되는 역사적 격변기였다. 수많은 동독 사람이 당황하거나 분노할 때, 메르켈은 또 조용히 생각했다.

'이제부터 내가 해야 할 일은 뭘까?'

30대 중반의 과학자는 정치라는 낯선 세계에 발을 들였다. 하지만 그 누구도 메르켈을 주목하지 않았다. 그녀는 말도 없고, 화려하지도 않았다. 이미지 메이킹도 못 하고 당내 회식 자리에서 맥주잔도 못 드는 어색한 정치 신입생이었다.

하지만 메르켈은 다르게 접근했다. 남들보다 덜 말하고, 더 들었다. 번쩍이는 카메라 대신 조용한 회의실에서 사람을 이해하려 애썼다. 어떤 동료 정치인에 대해 '권력 중독자'라고 메모하며 '나는 저렇게 되지 않겠다'고 다짐했다.

그리고 2005년 앙겔라 메르켈은 마침내 독일 최초의 여성 총리가 되었다. 동독 출신의 과학자, 비주류 정치인이라는 핸디캡을 뚫고 유럽의 심장부를 이끄는 인물로 떠오른 것이다. 그녀는 총리 재임 동안 파격적인 개혁도, 거창한 퍼포먼스도 하지 않았다. 하지만 유럽 경제 위기 때는 유로존의 중심을 잡았고, 난민 사태 때는 수십만 명을 품는 결정을 내렸다. 코로나19 팬데믹 때는 과학자의 냉철함과 모성母性의 단호함을 동시에 보여줬다. 위기가 한창일 당시, 그녀는 언론 브리핑에서 이렇게 말했다.

"상황은 심각합니다. 저는 총리로서, 그리고 시민으로서 여러분께 요청합니다. 진지하게 들어주세요. 우리가 확보한 데이터에 의하면……."

화려한 수사는 없었다. 하지만 메르켈의 말은 독일 국민을 멈춰 세웠다. 왜냐하면 그녀는 늘 말보다 무겁게 살아온 사람이었기 때문이다.

퇴임이 다가오자 한 언론인이 물었다.

"가장 기억에 남는 장면은 뭡니까?"

그녀는 잠시 생각하다 이렇게 대답했다.

"내가 사라졌을 때, 사람들이 다시 나를 기억하지 않기를 바랍니다."

영웅처럼 떠나는 것보다 책임을 다한 시민으로 남고 싶다는 뜻이었다. 정치가 떠들썩할수록 조용한 사람의 무게는 더욱 커지게 마련이다. 소란한 시대에 그녀는 절제와 성실로 '믿을 수 있는 어른'이 되는 방법을 보여주었다.

메르켈은 스스로를 광고하지 않았다. 하지만 매 순간을 책임졌다. 그녀는 사는 대로 살지 않았다. 생각대로 살았다. 그래서 위기 속에서 유럽인은 먼저 그녀를 찾았다. 누구보다 늦게 말했지만, 그녀의 말은 누구보다 길게 남았다.

메르켈은 떠들지 않았다. 그러나 모두가 그녀의 얘기를 들었다. 메르켈은 선언하지 않았다. 하지만 모두가 그녀의 신념을 알았다. 생각대로 산다는 건 한자리를 오래 지키는 것, 그 자리에서 흔들리지 않는 것이다. 그런 생각은 말보다 오래 남는다.

플러스 메시지

내 선택을
믿는 것

서른 중반의 김한나 씨는 한 중소기업의 인사팀 대리로 근무했다. 얼마 전에 아이를 낳고 복직했다. 그런데 몸은 회사에 있어도 마음은 늘 아이한테 가 있었다. 결국 사직서를 쓰고 아무도 박수 쳐주지 않는 삶을 선택했다.

아이가 낮잠을 잘 때 혼자 울기도 했다.

'이게 내 생각이었나?'

그런데 매일 아침, 아이 얼굴을 보며 다시 생각했다.

'맞아. 이게 내 생각이었어.'

생각대로 사는 건 타인의 평가보다 내 선택을 믿는 것이다. 한나 씨의 선택은 한 푼이라도 돈을 더 버는 게 아니라 '진짜 엄마'가 되어 아이와 함께 있는 것이었다.

10
모든 길은 자신에게로 통한다

성장하는 청춘들의 고뇌를 대변한
헤르만 헤세

"새는 알에서 나오려고 투쟁한다. 알은 세계다. 태어나려는 자는 하나의 세계를 파괴해야 한다."

《데미안》에 나오는 가장 유명한 문장이자 헤르만 헤세Hermann Hesse 철학의 핵심은 바로 이게 아닐까? 헤세는 이 '알'을 사회가 정해놓은 질서, 부모가 바라는 자아, 타인의 시선이라고 봤다. 그걸 깨지 않고는 진짜 '나'로 태어날 수 없다고 믿었다. 그래서 살아 있는 내내 끊임없이 자기 안의 목소리에 귀를 기울였고, 그 목소리를 문장과 삶으로 실현하려 애썼다.

"모든 인간은 하나의 길이다. 그 길은 오직 한 번만 갈 수 있다."

헤세는 1877년 독일과 스위스 국경 근처의 칼프에서 태어났다. 부모는 선교사였는데, 집에는 늘 책과 경건함으로 가득했다. 하지만 소년 헤세는 복종보다는 자아를 갈망했다. 그는 자주 불안했고, 세상의 기준에 쉽게 적응하지 못했다.

"넌 말을 안 듣는 문제아야!"

어른들이 그런 말을 할 때마다 이렇게 대꾸했다.

"저는 단지 저 자신이 되고 싶을 뿐이에요."

13세 때는 정신병원에 입원하기도 했는데, 병실 안에서 그는 결심했다.

'나는 내 안의 목소리를 따라갈 거야.'

이후 학교를 그만두고 책방에서 근무하기 시작했다. 낮에는 일하고 밤에는 글을 썼다. 세상은 그를 방관했지만, 그는 멈추지 않았다. 첫 소설 《페터 카멘친트》로 이름을 알렸고, 《수레바퀴 아래서》로 교육 시스템의 폭력을 고발했다.

헤세는 남들처럼 대학을 가지도, 안정된 직업을 추구하지도 않았다. 글 쓰는 삶은 불안하긴 해도 자신을 잃지 않는 길이었다.

제1차 세계대전이 발발했다. 독일의 광기를 반대한 그는 고립되었고 동료 작가들과도 멀어졌다. 사람들이 '배신자'라고 부를 때, 그는 조용히 말했다.

"내가 속한 나라는 양심입니다."

이 시기에 그는 깊은 우울과 불면, 이혼, 아들의 병환까지 겪었다. 그러나 이런 절망 속에서도《데미안》을 완성했다. 이어서 출간한《싯다르타》는 단순한 소설이 아니었다. 그는 인도 철학과 불교, 도교, 니체를 꿰뚫어보며 '나'를 벗어던지는 깨달음의 이야기를 썼다.

"고통은 지나가는 것이고, 나는 흐름 속에 있는 하나의 생명일 뿐이다."

그는 세상의 성공 대신 내면의 조화와 침묵의 힘을 말하기 시작했다. 이후에는 스위스의 작은 마을 몽타뇰라에서 은둔에 가까운 삶을 살았다. 정원 일을 하고, 편지를 쓰고, 아침 햇살을 느끼며 살았다.

사람들은 물었다.

"더 쓰지 않으세요?"

그는 웃으며 대답했다.

"나는 지금도 글을 쓰고 있어요. 다만 종이 위가 아니라 삶 위에 쓸 뿐이죠."

그는 인생 자체를 한 편의 글처럼 살았다.

헤세는 늘 혼자였다. 때로 세상과 어긋났지만 자기만의 진실을 포기한 적이 없었다.

생각대로 산다는 건 내면의 흐름을 믿는 것이다. 그의 외로움은 사유의 공간이 되었고, 그 공간에서 예술과 철학이 자라났다. 그는 자기 안의 모순과 어둠 그리고 연약함과 열망을 부끄러워하지 않았다.

헤세는 독자들에게 이렇게 말한다.

"나는 나를 지키기 위해 글을 쓴 게 아닙니다. 나를 열기 위해 글을 썼습니다. 당신도 당신의 길을 찾으십시오. 남의 길을 흉내 내지 마십시오. 고요히 걷는 당신만의 숲길이 결국은 세상을 밝혀줄 것입니다."

헤세가 남긴 길은 '성공의 길'이 아니라, '존재의 길'이었다. 그는 늘 생각대로 살았고, 그래서 문장 하나하나가 살아 있는 철학이 되었다.

헤세는 어떤 거창한 성공도 이루지 못했지만, 한 사람의 내면을 끝까지 걸어간 작가였다. 그는 타인의 기대 대신 자기 안의 속삭임에 귀 기울였다. 그리고 그걸 문장으로, 존재로, 인생으로 증명했다.

오늘, 나도 묻는다.

나는 지금 내 안의 목소리를 따라가고 있는가? 아니면 아직도 누군가의 세계 안에서 알처럼 갇혀 있는가? 어디에선가 헤르만 헤세가 내게 소리치는 것만 같다.
"나는 나의 길을 갔다. 너도 너의 길을 가라."

플러스 메시지

자신의 진짜 꿈을
찾아서

정양숙 씨는 스물다섯에 자신이 꿈꾸던 항공 승무원이 되었다. 유니폼이 예뻤고, 이곳저곳 여행할 기회가 많을 거라고 생각했기 때문이다.

3년이 지난 어느 날, 고객과 다툼이 생겼고, 그녀는 화장실로 달려가 눈물을 쏟았다.

'이게 내가 원하던 삶일까?'

스스로에게 물었지만, 화장실 거울은 아무런 대답도 하지 않았다.

양숙 씨는 결국 사표를 쓰고 백수가 되었다. 그리고 블로그에 여행 글을 썼는데, 반응이 좋아 책으로 냈다. 책은 베스트셀러가 되었고, 인스타에서 셀럽으로 떠올랐다.

"승무원이 다들 안정된 직업이라 말했죠. 좋은 남자 만나 시집도 잘 가고요. 하지만 어느 날부터 제 생각이 조금씩 무너지기 시작했어요."

자신이 좋아하는 것을 직업으로 삼는 덕업일치가 정답은 아니다. 내 길이 아니라고 느낄 때는 그곳에서 얼른 벗어나 다른 길을 찾는 것도 나쁘지 않다. 결국은 자기 생각대로 몸이 움직여야 한다.

11
가장 약한 것의 편에 서겠다는 생각 하나

아시아 최초 여성 노벨 문학상 수상자
한강

"역사적 트라우마에 맞서며 인간 삶의 연약함을 드러내는 강력한 시적 산문."

스웨덴 한림원이 이렇게 공식 발표한 2024년 10월 10일은 대한민국 문학의 경삿날이었다. 이 화려한 잔칫날, 한강은 가족과 함께 평범한 하루를 보내느라 수상 사실을 미처 몰랐다고 한다. 훗날 포니정 혁신상 시상식에 참석했을 때, 그녀는 노벨 문학상 수상에 대한 소감을 다음과 같이 밝혔다.

"노벨 위원회에서 수상 통보를 막 받았을 때에는 사실 현실감이 들지는 않아서 그저 침착하게 차분히 대화를 나누려고만 했습니다. 전화를 끊고 나서 언론 보도까지 확인하자 그때야 현실감이 들었습니다. 무척 기쁘고 감사한 일이어서 그날 밤 조용히 자축을 했습니다. 그 후 지금까지 많은 분이 진심으로 따뜻한 축하를 해주셨습니다."

연설이 끝나자 우레 같은 박수 소리가 터졌다.

처음에는 노벨상 수상 기념 기자 회견과 축하연을 모두 사양했다. 아버지 한승원 작가가 한강의 작품을 출간한 창비, 문학동네, 문학과지성사 세 곳 중 하나를 선택해 출판사에서 기자 회견을 하라고 권유했는데, 처음엔 그렇게 하려고 했으나 다음 날 아침에 생각이 바뀌었다고 한다.

"러시아와 우크라이나 또 이스라엘과 팔레스타인 전쟁이 치열해서 날마다 주검이 실려 나가는데, 무슨 잔치를 하겠는가."

다만 이 부분에 대해선 한강 본인이 직접 정정을 했다. 이튿날 아침 통화에서 아버지가 마을 주민들과 크게 잔치를 벌이겠다고 해서 그런 것 하지 말라는 뜻이었다고 한다.

노벨상 수상 다음 날, 아버지 한승원 작가가 기자 회견을 대신 진행한 것도 이 때문이다. 한승원 작가는 한 라디오 방송 인터뷰에서 딸의 노벨상 수상 이유를 이렇게 말했다.

"정서, 어떤 분위기, 문장을 통한 그런 것 아닐까요? 한국어로선 비극이지만 그 비극은 어디다 내놔도 비극인데…… 그 비극을 정서적으로, 서정적으로 아주 그윽하고 아름답고 슬프게 표현한 거죠."

한강의 작품은 감성적이고 깊이 있는 문학 세계로 잘 알려져 있다. 특히 자아, 상처, 고통 그리고 치유라는 주제를 탐구하며, 인간 존재와 삶의 본질을 깊이 성찰하는 작품이 많다. 그녀는 1990년대 후반부터 2000년대 초반에 걸쳐 문단에 등장했으며, 그 이후로 국내외에서 많은 찬사를 받았다.

한강은 말수가 적다. 방송에도 잘 나오지 않고, 인터뷰 때도 긴 말을 하지 않는다. 한강은 조용한 사람이다. 하지만 그 조용함에는 수많은 생과 죽음, 아름다움과 참혹함이 숨어 있다.

등단 이후 한강은 묵직한 작품을 연이어 출간했지만, 언론은 별로 주목하지 않았다. 당시 문단의 흐름은 거칠고, 정치적이고, 사회를 향해 큰 소리로 외치는 스타일이 주류였다. 그런데 한강은 그런 방식과 거리를 두었다. 그녀는 직접적인 주장을 하지 않았다. 대신 인간의 고통을 내밀한 이미지와 잔잔한 묘사로 응시했다. 한강은 말보다 '몸'에 집중했다. 《채식주의자》에서 주인공 영혜는 말 대신 '몸'으로 저항한다. 먹지 않음으로써, 자지 않음으로써, 눈빛을 피함으로써. 그녀는 '침묵'과 '비가시성'이 얼마나 강력한 언어가 될 수 있는지를 보여줬다. 이 작품은 국내에서는 다소 난해하다는 평을 들었지만, 2016년 영국의 부커상을 수상하며 전 세계의 이목을 끌었다. 심사위원장은 이렇게 말했다.

"이 책은 문학이 무엇을 할 수 있는지를 깊이 있게 보여준다."

한강은 그 상을 받은 후에도 떠들썩한 자리에 거의 서지 않았다. 사진을 찍을 때도 정면을 잘 보지 않았고, 수상 소감은 짧고 조용했다.

"사람의 육체가 무너지는 순간, 존엄을 지킬 수 있는 문장을 쓰고 싶었습니다."

이 문장은 한강이 왜 글을 쓰는지 가장 분명하게 드러냈다. 한강의 작품은 언제나 '부서지는 존재'에 대한 기록이다. 전쟁 속 소녀, 재난을 겪는 도시, 슬픔을 견디는 가족, 그리고 존재를 지워가는 사람들. 작가는 결코 그것들을 외면하지 않는다. 그 고통에 대놓고 울부짖지 않지만, 차분한 문장으로 끝까지 따라가며 존엄이라는 마지막 선을 붙들어낸다.

글을 쓴다는 건 단순히 문장을 만드는 게 아니라, 사라지는 것들을 기억 속에 눌러쓰는 일임을 작가는 보여주었다.

한강은 화려하지 않다. 하지만 강하다. 한강은 목소리를 높이지 않는다. 하지만 그 침묵은 수많은 사람의 내면을 뒤흔든다. 그녀는 생각대로 산다. 그리고 그렇게 살아낸 마음으로 생각대로 쓴다.

"글은 결국 그 사람의 삶을 닮는다."

이 말을 그녀만큼 온전히 증명한 작가가 또 있을까?

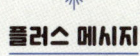

플러스 메시지

내 감각대로
산다는 것

20대 후반인 김태호 씨는 태어날 때부터 소리를 들을 수 없었다. 대신 사람과 사물을 유심히 관찰했다. 손짓, 표정, 눈빛, 움직임 등등. 처음엔 오해와 실수가 있었지만 언젠가부터 사람과 사물을 다르게 보는 능력이 자신에게 있다는 사실을 알았다.

지금 태호 씨는 작은 카페에서 바리스타를 하고 있다. 손님이 주문하면 메모지에 글로 적는다. 커피를 건네줄 때도 "맛있게 드세요"라고 적어준다. 서로 말은 없지만 태호 씨의 생각은 더 분명하게 고객에게 전달된다.

생각대로 산다는 건 세상이 만든 기준에서 벗어나 내 감각대로 사는 것이다. 태호 씨는 자신이 남들과 다를 뿐 불편하다고 말하지 않는다.

12
상상의 엔진을 멈추지 않는 인생

수많은 거절 끝에 거장이 된 만화가
도리야마 아키라

1984년《Dr. 슬럼프》를 성공적으로 연재하던 도리야마 아키라 鳥山明는 이제 좀 쉴 수 있을 거라고 생각했다. 그런데 〈소년 점프〉 편집부에서 새로운 시리즈를 요구했다. 도리야마는 난감했다. 아이디어가 없었기 때문이다. 그때 아내가 말했다.

"여보, 예전에 그린 〈서유기 패러디〉 있잖아. 그걸 다시 그려봐."

그 말이 계기가 되어 '손오공'이라는 소년이 태어났다.《드래곤볼》의 시작이다.

"나는 아내 말을 잘 듣는 편이에요. 덕분에 세계적인 만화를 그리게 됐죠."

《드래곤볼》연재를 시작했다. 모험, 성장, 우정, 싸움, 유머……. 단순해 보이지만 감정과 에너지로 가득 찬 이 작품은 일본은 물론 세계 만화의 흐름을 완전히 바꿔버렸다.

손오공은 강해지기 위해 끝없이 수련한다. 죽음조차도 그에겐 끝이 아닌 하나의 계단일 뿐이다. 적수들은 점점 더 강해지고, 독자들은 그 끝없는 '레벨 업'의 쾌감을 통해 자기 삶에서도 뭔가 가능하다는 신호를 받았다. 《드래곤볼》은 '만화'라는 단어를 '문화'로 바꿔놓은 대표작이었다.

도리야마는 자동차광이다. 특히 기계 묘사에는 집착에 가까운 정성을 들인다. 《드래곤볼》에 나오는 기동수단, 즉 바이크·비행선·자동차는 전부 그가 직접 설계한 것들이다. 한 번은 편집자가 "그냥 대충 그려도 독자들은 몰라요"라고 말했다. 그때 도리야마는 이렇게 대답했다.

"내가 먼저 알고, 그게 신경 쓰이면 못 넘어가요."

그건 취미를 넘은 장인의 태도였다.

도리야마는 《드래곤볼》로 전 세계를 열광시켰다. 그림 한 컷, 대사 한 줄로 세대와 국경을 뛰어넘는 현대 문화의 아이콘이 되었다. 그런 그가 평생 원한 건 단 하나였다.

"조용히 그림만 그리고 싶다."

도리야마는 1955년 일본 아이치현의 시골 동네에서 태어났다. 소년 시절부터 그림을 좋아했다. 학교 수업 중에도 공책 귀퉁이에 로봇과 괴물을 그려댔다. 그에게 그림은 언제나 '놀이'였다. 만화가를 꿈꿨다기보다 그냥 좋아서 그림을 계속 그렸다.

고등학교 졸업 후에는 디자인 회사에 다녔는데, 정해진 규칙과 위계 속에서 도무지 숨 쉴 수가 없었다. 결국 2년 만에 회사를 관두고 집에서 그림이나 그리자며 투고한 단편 만화가 운명을 바꿔놓았다.

도리야마가 처음 만화를 시작했을 때, 그는 사람 얼굴을 제대로 못 그렸다. 비율이 이상하고, 손도 어색했다.

"그래서 웃기게 그리기로 했어요. 사람들이 '이상하다'고 하면, 난 '웃기려고 그랬어' 하면 되잖아요."

그의 만화는 그래서 어디서도 본 적 없는 인물로 가득하다. 둥글고 단순한 손오공과 아라레 그리고 엉뚱한 표정과 리듬감으로 특징되는 세상은 그렇게 탄생했다.

그는 결핍을 감추지 않고 활용했다. 못 하는 걸 인정했기에 누구도 따라올 수 없는 스타일을 만들어냈다.

"《드래곤볼》이 점점 내가 만든 게 아닌 것 같은 느낌이 들었어요."

도리야마는 《드래곤볼》 후반부를 그릴 때 점점 지치기 시작했다. 그는 자신의 심정을 솔직하게 토로했다.

"후반부는 의무감으로 그렸어요. 내가 만들고 싶은 세계는 사라지고, 독자 반응과 마감에 떠밀리는 느낌이었죠."

그래서 인기가 정점이던 때에 《드래곤볼》을 스스로 마무리했다. 출판사도 독자도 놀랐지만, 그는 이렇게 말했다.

"내 생각이 빠진 만화는 더 이상 그리고 싶지 않았어요."

이는 작가로서 자존과 정직함을 보여주는 상징적인 장면이다.

도리야마는 화려한 인터뷰, 공식 행사, 텔레비전 출연을 거의 하지 않는 것으로 유명하다. '천재'라는 평가에도 그냥 '집에서 개그 만화 그리는 아저씨'라는 자세를 끝까지 견지했다. 그는 항상 이렇게 말했다.

"나는 유명해지고 싶지 않아요. 그저 내가 그리고 싶은 걸 그리며 살고 싶어요."

그는 스스로를 너무나 잘 알았고, 자기한테 맞지 않는 삶은 애초에 시도하지 않았다. 그것이 바로 '자기 생각대로 사는 사람'의 태도다.

도리야마는 2024년 세상을 떠났다. 조용히, 마치 숨을 쉬듯 한 세대를 마무리했다. 하지만 그의 그림은 여전히 살아 있다. 아이들이 따라 그리는 손오공, 어른들이 다시 꺼내 보는 만화책. 그가 만든 세계는 수많은 사람의 삶 속에 여전히 자리 잡고 있다.

도리야마는 세상의 기준이 아닌 자기 재미, 자기 감각, 자기 삶의 흐름대로 살았다. 자기 생각대로 산 것이다. 그래서 세상도 그의 만화를 따라 조금 더 자유롭고 상상력 넘치는 곳이 되었다. 그렇게 그림으로 세상을 움직였다.

도리야마의 세계는 누구보다 명확했다. 그는 인기보다 재미를, 성과보다 몰입을, 사회적 위치보다 자기 리듬을 택했다.

생각대로 산다는 건 어른이 되어서도 상상의 엔진을 멈추지 않는 일이다. 도리야마는 그걸 진심으로, 아주 오래오래 즐겼다.

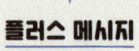

플러스 메시지

내 안의 소리에
귀 기울일 때

전민규 씨는 전직 운동선수다. 한때 경기장에서 박수갈채를 받고 사는 게 좋았다. 하지만 마음속 어딘가에서는 늘 다른 걸 갈망했다.

오랜 시간 부딪쳐온 경쟁 속에서 그의 마음은 점점 메말라갔다.

그러던 중 우연히 만난 기타리스트와 함께 작은 밴드를 시작했다. 어려서부터 그는 음악을 좋아했다. 노래에 소질이 있다는 얘기도 곧잘 듣곤 했다. 그동안 운동에 몰두하느라 잠시 잊고 있던 음악에 대한 열정이 솟구쳤다. 곤경에 처해서야 비로소 자신의 진면목을 깨달은 것이다. 그는 무대 위에서 들려오는 자신의 목소리에 취하고, 환호하는 관중에게 매료되었다.

"내 소리로, 내 길을 가겠다."

지금도 인디 밴드를 하고 있는 민규 씨는 이제야 깨달았다. 진짜 삶은 남들의 기대가 아닌 내 안의 소리에 귀 기울일 때 비로소 시작된다는 것을.

PART 3

Il faut vivre comme on pense,
sans quoi l'on finira par penser comme on a vécu

13
도착할 미래를 준비하고 믿는 용기

엔비디아의 공동 창업자이자 초대 CEO
젠슨 황

젠슨 황 Jensen Huang 은 대만에서 태어났다. 9세 때, 미국 오리건주의 한 보딩 스쿨 Boarding School 에 입학했다. 영어를 못 하고, 피부색도 달랐다. 룸메이트는 그를 '아시아인'이라고 놀렸다. 어린 나이에도 그는 이렇게 생각했다.

'어차피 다르게 태어났잖아. 그렇다면 끝까지 다르게 살아 보자.'

젠슨은 이방인으로 살되 피해자는 되지 않기로 했다. 이질적인 환경에서 자신을 감추지 않고, 오히려 갈고닦았다.

1993년 당시 컴퓨터 그래픽 시장은 작고, 느리고, 주변부에 불과했다. 이때 젠슨은 동료 2명과 함께 엔비디아 NVIDIA 를 창업했다.

"모두가 CPU만 말할 때, 나는 '그래픽 연산'이 미래가 될 거라고 믿었다."

세상은 반신반의했다. 하지만 그는 묵묵히 '비주류'에 불과하던 연산 칩을 개발해 나갔다. 얼마 후 AI와 딥러닝이 부상하면서 GPU는 AI의 심장이 되었고, 그의 고집은 미래를 바꿨다.

젠슨은 항상 검은색 가죽 재킷을 입는다. "그게 당신 스타일인가요?"라는 질문에 그는 이렇게 대답했다.

"그냥 고민할 시간을 줄이기 위해서입니다. 저는 에너지를 다른 데 쓰고 싶거든요."

매일의 선택을 줄이는 방식으로, 중요한 것에 몰입한다는 뜻이다. 이처럼 그의 옷차림은 단순함 속에 선택과 집중의 철학이 담겨 있다.

사업 초창기에 그는 수많은 투자자로부터 외면당했다. GPU 시장은 작고, AI는 아직 뜨지 않았고, 게임용 칩으로 겨우 생존하던 시절이었다. 회사 주식은 바닥을 기었다. 이때 그는 투자자들에게 이렇게 말했다.

"우리는 기다리는 기술이 아닙니다. 우리가 준비하면, 세상이 따라올 겁니다."

허황된 꿈처럼 보였지만, 시간은 그의 편이었다. AI 혁명이 불어닥치자 그가 만든 기술은 전 세계 인프라의 중심으로 자리 잡았다.

만약 그가 '주류'처럼 살았다면, 그리고 CPU 기업에 입사해 정해진 길을 걸었더라면, 우리는 지금과 같은 AI 시대를 조금 더 늦게 더 느리게 맞이했을지도 모른다.

젠슨은 세상에 없는 걸 만들겠다고 다짐했고, 그 신념을 30년 넘게 놓지 않았다.

젠슨의 삶은 생각대로 살아가는 것의 중요성을 보여준다. 그는 기존의 틀에 얽매이지 않고, 자신의 비전을 따라 행동했다. 이러한 자세는 엔비디아를 세계적인 기업으로 성장시키는 데 큰 역할을 했다. 젠슨은 이렇게 말한다.

"기술은 도구일 뿐 중요한 건 우리가 무엇을 그리느냐입니다."

그의 말처럼 중요한 것은 우리가 어떤 비전을 갖고, 그걸 실현하기 위해 어떻게 행동하느냐다. 그는 자신의 생각을 행동으로 옮기며, 기술을 통해 세상을 변화시켰다. 우리에게 생각대로 살아가는 것의 중요성과 그것이 가져올 수 있는 변화의 힘을 일깨워준 것이다.

젠슨은 기술을 말하지 않았다. 철학을 보여줬다. 그는 기술 CEO이지만, 그의 언어에는 늘 철학이 담겨 있다.

"우리는 불가능한 걸 가능하게 만들려고 태어난 회사입니다."

"당신이 세상에 무엇을 더할 수 있을지를 먼저 생각하세요. 이게 모든 혁신의 출발점입니다."

그는 인공지능, 자율 주행, 과학 연구, 심지어 의료 분야까지 'GPU는 인간의 사고 확장 도구가 될 수 있다'는 믿음을 놓지 않았다. 그것은 단순한 비전이 아니라, 30년 동안 현실이 될 때까지 붙잡아온 하나의 생각이었다. 생각대로 산다는 건 당장의 평가보다, 멀리 있는 확신을 따르는 일이다.

엔비디아는 2010년대 초반, 매출 부진과 주가 하락을 겪었다. 이때 시장 흐름에 맞춰 CPU로 방향을 틀자는 제안도 많았다. 하지만 그는 흔들리지 않았다.

"우리가 준비한 미래는 아직 오지 않았을 뿐입니다."

그는 GPU라는 생각에 끝까지 충실했다. 그리고 세상이 그 생각에 도달했을 때, 누구보다 먼저 그 자리를 차지했다.

젠슨은 말하기에 앞서 숙고했다. 기술보다 철학이 깊으며, 성공보다 확신이 단단했다. '세상이 도착할 미래'를 내다보고, 그 자리에 자기의 생각을 앉혀놓았다. 생각대로 산다는 건 지금 당장은 이해받지 못하더라도 먼 훗날 도착할 세계를 믿는 용기가 아닐까.

플러스 메시지

속도가 아니라
방향이다

최민수 씨는 삼수생이었다.

"그냥 취업해."

"너는 공부랑은 인연이 없는 것 같아."

주위에서는 다들 포기하라고 했지만, 민수 씨는 공부가 좋았다. 문제를 풀고 글을 읽고 쓰는 시간이 즐거웠다. 그리고 마침내 삼수 끝에 어린 친구들과 함께 대학에 다니고 있다.

"어색해요. 하지만 이곳은 제가 제 생각대로 온 첫 번째 장소예요. 전공도 마음에 들고요."

인생은 속도가 아니라 방향이라는 말이 있다. 민수 씨는 자신의 꿈을 위해 남들보다 조금 천천히 걸었을 뿐이다. 생각대로 사는 것에 빠름과 느림은 없다.

14
생각대로 사는 자의 각오

전쟁의 패러다임을 바꾼
손무

고대 중국 춘추시대 병법가이자《손자병법》의 저자로 유명한 손무孫武. 그의 일화 중 가장 유명하고 상징적인 이야기는 '궁녀를 병사로 훈련한 사건'이다. 그의 병법이 단순한 이론이 아니라 실제로도 효과적이라는 것을 보여주는 강렬한 사례로 자주 인용되는 일화다.

오吳나라 왕 합려闔閭는 손무를 군사 고문으로 초빙하면서, 그의 병법이 실제로도 유효한지 시험하고 싶었다.

"궁녀 180명을 훈련해 보시오."

합려는 가장 총애하는 두 궁녀를 각각 대장으로 임명했다. 손무는 병법에 따라 명령 체계, 좌우 정렬, 구령 등을 가르치고 시범을 보인 다음 말했다.

"자, 이제 배운 대로 해보자. 좌로! 우로! 정렬!"

하지만 궁녀들은 웃기만 하고 제대로 움직이지 않았다.

"귀여운 아이들이지 않은가. 너무 심각하게 굴 필요는 없소이다."

합려의 말에 손무가 대답했다.

"군령이 분명한데도 병졸이 따르지 않는 것은 장수의 잘못입니다. 하지만 명령이 분명하고 그걸 따르지 않는다면, 이는 병사의 책임입니다."

그러곤 왕의 총애를 받는 두 궁녀를 참수하겠다고 선언했다.

합려는 깜짝 놀라 손무에게 말했다.

"과인은 이미 그대가 용병술에 뛰어난 것을 알았소. 과인은 저 두 궁녀가 없으면 밥을 먹어도 단맛을 느끼지 못하니 부디 명을 거둬주시오."

하지만 손무는 단호했다.

"저는 이미 왕명을 받들어 장수가 되었습니다. 장수가 군영에 있을 때는 왕명이라도 받들지 않을 수 있습니다."

손무는 끝내 두 궁녀를 참수했다. 그리고 그들 다음으로 합려의 총애를 받는 다른 두 궁녀를 새로운 대장으로 임명한 다음 다시 명을 내렸다. 그러자 궁녀들은 모두가 일사불란하게 영을 수행하며 아무런 불평도 내색하지 않았다. 그들은 더 이상 연약한 궁녀가 아니었다. 훈련받은 군사였다. 그제야 합려는 고개를 끄덕였다.

"그대는 진짜 장수요."

합려는 병법을 시험하려 했지만, 손무는 병법보다 더 큰 것을 보여줬다. 신념이란 누군가의 눈치에도 흔들리지 않는 것이다. 리더십이란 감정이 아니라 책임으로 이뤄지는 것이다.

많은 사람이 자기가 맞다고 믿는 대로 살고 싶어 한다. 하지만 대부분은 누군가의 눈치를 보게 마련이다. 누군가의 기분에 따라 자기가 정한 기준이 흔들린다. 손무는 이렇게 말했다.

"장수는 전장에 나가면, 왕조차도 넘어선다."

손무는 칼보다 말을 믿었고, 전투보다 계획을 믿었고, 승리보다 의미 있는 판단을 우선했다. 자신의 생각을 가장 강한 무기로 만들었다.

생각대로 산다는 것은 싸우지 않고 이기는 방법을 먼저 고민하는 삶이다. 손무는 힘이 아니라 판단과 사유로 이기는 전략가였다. 그는 '이길' 생각을 먼저 하지 않았다. 지지 않을 구조를 만들고, 그 안에서 사람과 조직을 움직이는 기술을 완성했다.

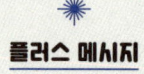

플러스 메시지

마음을
다 붓는다는 것

전라남도 나주에 살고 있는 조은아 씨는 남편과 사별한 후 국밥집을 시작했다. 시내 외곽에 있어서인지 장사가 시원치 않았다. 그러던 어느 날 혼자 온 젊은 손님이 국밥을 먹으며 우는 것 아닌가.

"이거…… 엄마가 해주던 맛이랑 똑같아요."

그 한마디가 은아 씨의 생각을 바꿔놓았다.

'그래, 엄마처럼 만들면 돼. 그리고 손님을 돈으로 보지 않고, 밥이 필요한 사람으로 봐야 해. 엄마가 나한테 그랬던 것처럼.'

은아 씨는 국밥 한 그릇에 정성을 다했다. 이 식당에는 메뉴판도 카드 결제기도 없다. 그냥 자리에 앉기만 하면 된다. 그리고 나갈 때 바구니의 통에 돈을 넣는다.

"내가 할 줄 아는 게 국밥 한 그릇이면, 거기에 마음을 다 붓자고 생각했어요."

생각대로 산다는 건 어쩜 자신을 잘 아는 것이다. 내 방식대로 마음의 온도를 높이고 따뜻해지는 일이다. 따뜻한 마음을 갖는 것이다. 한 그릇의 국밥처럼.

15
짧지만 침묵을 담은 작가

미국 출신의 노벨 문학상 수상 작가
헤밍웨이

어느 날, 헤밍웨이는 친구들하고 내기를 했다.

"가장 짧은 이야기로 가장 강한 감동을 주는 글을 써보자."

그가 냅킨에 적은 문장은 이랬다.

"For sale: baby shoes, never worn(팝니다: 아기 신발, 한 번도 신지 않음)."

모두가 조용해졌다. 그 여섯 단어 안에 탄생과 죽음, 상실과 침묵이 모두 담겨 있었기 때문이다.

이 일화는 '문장의 힘'을 믿었던 헤밍웨이의 철학을 그대로 보여준다. 말을 아낄수록 마음은 더 크게 움직이는 법이다.

헤밍웨이는 미국 미시간주의 호숫가에서 자랐다. 그에게 자연은 언어보다 먼저 배운 세계였다. 그는 어려서부터 말보다 중요한 건 느낌, 소리보다 깊은 건 정적이라는 걸 깨달았다. 짧지만 침묵을 담은 그의 문장은 그렇게 시작되었다.

18세 때는 전쟁에 자원했다. 군인으로서는 아니었다. 부상병들을 들것으로 옮겼다. 그러던 중 폭탄이 터졌고, 다리가 산산이 부서졌다. 겨우 목숨을 건진 그는 문득 깨달았다.

'죽음은 멀지 않고, 삶은 잠깐이며, 사랑은 늘 복잡하다.'

대표작 《무기여 잘 있거라》는 그 경험의 응축이었다.

헤밍웨이는 파리로 떠났다. 그곳에서 제임스 조이스, 피츠제럴드, 거트루드 스타인 등과 교류했다. 가난한 예술가들 사이에서 그는 배고픈 글쓰기를 배웠다. 비용이 들지 않는 고통은 없었다. 그는 매일 아침 카페에 앉아 자신을 비워내듯 글을 썼다. 감정을 버리고, 문장을 줄이고, 진실만 남기기 위해 자신을 깎았다. 그의 글은 이처럼 절제된 고백이었다.

그는 네 번의 결혼을 했다. 사랑하는 여인은 많았지만 평온하지 않았다. 사랑을 택하면서도 늘 자신을 잃을까 봐 두려워했다. 그래서 도망치고, 떠나고, 다시 돌아오며 언제나 자기만의 언어와 거리를 지켰다.

"사랑은 전투다. 서로를 지키는 동시에 자신을 지키는 일이다."

그에게 사랑은 따뜻함이 아니라 고요한 긴장감이었다.

쿠바의 작은 마을. 늙은 어부가 거대한 청새치를 잡고, 상어 떼에 뜯기며 뼈만 남긴 채 돌아오는 소설. 그건 헤밍웨이 자신의 이야기였다. 몸은 노쇠하고, 명예는 퇴색하고, 과거가 영광이 아니라 부담이 되었을 때, 그는 자문했다.

'그래도 나는 쓸 수 있는가?'

'나는 아직 인간으로 남아 있는가?'

말년에 그는 우울증, 기억 상실, 그리고 더 이상 글을 쓸 수 없다는 공포와 싸웠다. 모든 것을 말로 증명해 온 사람에게 '말이 떠나가는 병'은 죽음과도 같았다.

결국 방아쇠를 당겼다. 그 침묵은 절망이 아니라 자기다운 마지막 문장이었다.

그는 생각대로 살았다. 진실한 글을 쓰려면 진실하게 살아야 한다고 믿었던 사람. 자신의 고통을 감추지 않고, 끝까지 말로 붙잡으려 했던 작가. 헤밍웨이는 말했다.

"세상은 모두를 부순다. 하지만 많은 사람이 부서진 그 자리에서 더 강해진다."

그는 부서졌지만, 그의 문장은 지금도 우리의 마음 어딘가를 '단단하게' 만든다.

플러스 메시지

역사의 파편을 줍는 사람

그는 박물관을 걷는 아이 같았다. 망가진 시계, 오래된 엽서, 낡은 책장. 쉽게 잊어버릴 법한 것들에서 그는 세계의 진실을 길어 올렸다. 유대계 독일 철학자, 문예 비평가, 사유의 방랑자.

그에게 역사는 직선이 아니었다. 승자의 깃발 아래 정리된 연대기엔 언제나 패자의 목소리가 빠져 있다. 그래서 '파편'을 모았다. 버려진 기억, 사라진 이야기, 숨겨진 진실을 되살려 그 속에서 새로운 빛을 보려 했다.

"역사는 언제나 지금의 눈으로 다시 읽혀야 한다."

그는 말했다.

"과거의 어느 순간이 미래를 향해 구원처럼 반짝일 수 있다."

하지만 그는 끝내 떠돌이였다.

나치는 그를 추격했고, 국경은 닫혔다. 스페인 국경 앞에서, 그는 친구에게 유서를 남기고 조용히 세상을 떠났다. 유서는 단 한 줄이었다.

―나는 삶을 떠나기로 결심했다.

발터 벤야민Walter Benjamin. 그는 패배한 철학자였을까? 아니다. 생각을 지키기 위해 살아내는 방식을 끝까지 고집했던 사람이다.

16
나는 결과보다 생각대로 뛴다

높이뛰기 국가 대표 선수
우상혁

Woo Sang-hyeok

"넘는다. 남들이 한계를 쳐다볼 때, 나는 뛰어넘을 방법을 생각한다."

어릴 적 우상혁은 늘 조용한 아이였다. 자신을 내세우기보다 가만히 세상을 관찰하듯 지켜보는 성격이었다. 처음 육상을 시작했을 땐 주목받는 스타일도, 주도적인 타입도 아니었다.

하지만 혼자 하는 연습을 잘했다. 그러다 높이뛰기를 만났을 때, 이 종목이야말로 '자신과의 대화'로 이루어진 경기라는 걸 직감했다.

"다른 누구도 이 바를 넘어줄 수는 없다."

그건 혼자의 싸움이었고, 그것이야말로 그에게 어울리는 세계였다. 우상혁의 훈련은 남달랐다. 단순히 기록을 노리기보다 폼을 바꿨다. 스피드, 리듬, 마지막 스텝의 각도 등 남들이 간과한 디테일에 집착했다. 기존의 방법을 비틀어 자신만의 패턴을 만들어냈다. 기술을 '외워서'가 아니라 '느껴서' 익혔다. 그는 이렇게 말했다.

"나는 바를 넘는 게 아니라, 내 안의 의심을 넘는다."

2021년 도쿄 올림픽에서 우상혁은 한국 육상 최초로 결선 4위에 올랐다. 메달은 없었지만 경기를 마친 직후 그가 보여준 표정 하나로 수많은 사람이 눈물을 흘렸다.

"정말 즐거웠습니다! 감사합니다!"

그는 말보다 몸으로, 결과보다 자세와 태도로 모든 걸 보여주는 선수였다.

그때부터 사람들은 그를 단지 '높이뛰기 선수'가 아니라 '인생을 뛰는 사람'으로 보기 시작했다.

이후 우상혁은 세계선수권에서 금메달을 따고, 아시아 최초로 세계 랭킹 1위에 올랐다. 하지만 그는 늘 '생각이 먼저 바뀌어야 몸이 뛴다'는 철학을 견지했다.

"한계를 세우는 건 기록이 아니라, 그걸 바라보는 내 시선입니다."

"나는 나를 믿습니다. 그래서 매번 높이 날 수 있습니다."

활기차고 긍정적인 우상혁에게도 어두운 시절이 있었다. 2019년 종아리 부상을 입은 후에는 훈련을 거르고 거의 매일 술에 의존

하는 삶을 살 정도로 힘들었다. 그러다 2020년을 앞두고 김도균 코치를 만나 어려움을 이겨내기 시작했다. 김 코치는 우상혁에게 세계적 선수가 될 수 있다며, 다시 마음을 잡을 수 있도록 도와주었다.

우상혁은 훈련 기간은 물론 올림픽 기간까지도 김도균 코치, 진민섭 선수와 함께 생활하며 연습에 전념했다. 특히 김 코치 덕분에 역경을 이겨낼 수 있었다.

"벼랑 끝에 있던 저를 구해주신 분입니다."

그러면서 앞으로도 끝까지 함께하고 싶다고 말했다.

우상혁은 운동이란 자기를 믿는 훈련이라고 생각한다. 그리고 지금도 도약하고 있다. 그렇게 대한민국 스포츠계에, 국민에게, 후배 선수들에게 꿈의 언어를 전하고 있다. 그는 실패 앞에서도 웃으며 당당하게 자신의 길을 만든다. 그리고 그 모든 걸 한마디로 정리한다.

"저는 높이뛰기 선수이기 이전에 '넘는 사람'이고 싶어요."

우상혁은 높이뛰기 선수이지만, 사실상 '자기 철학을 밀어 올린 사람'이다. 우리는 그의 점프에서 완벽한 자기 삶의 궤적을 본다. 생각대로 산다는 건 메달이 아니라, 자기 안의 박수를 먼저 듣는 삶이다.

플러스 메시지

다시 일어서는 법을
알려준 사람

아칸소주 출신의 미국 대통령 빌 클린턴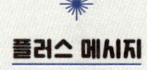. 알코올 중독자 계부 밑에서 자란 소년이 세계 최강 국가의 리더가 되기까지 그를 이끈 건 실수와 사과였다.

고등학교 시절 그는 케네디 대통령을 만나 악수를 하고 가슴으로 다짐했다.

'나도 저 위치에 서리라.'

그리고 정말 해냈다. 냉전이 끝나고 인터넷이 세상을 바꾸던 격동의 시대에 그는 타협과 협상의 천재로서 진가를 발휘했다. 불가능한 의견을 테이블에 올리고, 서로의 상처 위에 미래를 설계했다. 하지만 완벽하지는 않았다. 백악관 스캔들, 거짓말과 침묵 그리고 수치……. 그때 그가 택한 건 도망이 아니라 '사과'였다.

뼈아픈 실수를 저지른 그는 이렇게 말했다.
"나는 잘못했고, 그 잘못에 대한 책임은 나에게 있다."
살기 위한 정치가 아니라, 살아남기 위한 진심을 택한 것이다.
"실패는 당신을 정의하지 않는다. 당신의 선택이 당신을 정의한다."
클린턴은 실수보다 '다시 일어나는 법'을 보여주었다. 우리는 인생에서 비틀거릴 수 있고, 넘어질 수도 있다. 그러나 무엇을 택하느냐에 따라, 과거는 부끄러움이 아니라 미래의 자양분이 되기도 한다.

17
자신의 생각대로 기쁨을 파는 사람

배스킨라빈스의 창업자
어바인 라빈스

전쟁이 끝난 1945년 미국, 젊은 청년 어바인 라빈스Irvine Robbins는 아버지의 아이스크림 가게에서 일하며 깨달았다. 아이스크림을 먹는 사람들이 모두 웃고 있다는 것을. 그건 제품이 아니라 경험이었다. 그는 고민 끝에 스노버드Snowbird라는 자신만의 아이스크림 전문점을 오픈했다.

한편, 매부인 버턴 배스킨Burton Baskin은 참전 용사를 위한 아이스크림을 만들었는데, 전쟁이 끝난 후 버턴스 아이스크림Burton's Ice Cream 매장을 열었다.

배스킨라빈스 브랜드는 이렇게 두 사람이 자신들의 이름을 합친 아이스크림 회사를 설립하면서 시작되었다.

'왜 아이스크림은 두세 가지 맛만 있는 걸까?'
'하루에 한 가지씩 한 달을 다르게 만들자.'
브랜드 이름은 '라빈스 배스킨'과 '배스킨 라빈스' 가운데 동전을 던져서 결정하기로 했는데, 결국 버턴이 이겨 배스킨라빈스 Baskin Robbins로 정해졌다. 독특한 풍미에 다양한 맛의 아이스크림 전문 매장은 곧 선풍적인 인기를 끌었다.

배스킨라빈스는 어느덧 미국에 400개 이상의 매장을 둔 어엿한 기업으로 성장했다. 1958년 메이저리그에 LA 다저스팀이 생겼을 때는 '베이스볼 넛'이라는 아이스크림을 출시했고, 아폴로 11호가 달에 착륙했을 때는 이를 기념해 '루나 치즈케이크'를 출시하기도 했다. 1970년대에 일본, 사우디아라비아, 호주 등을 거쳐 1985년에는 드디어 한국에도 배스킨라빈스 매장이 들어왔다.

"하루에 한 가지씩 한 달을 다르게 만들자!"

이렇게 시작된 '31가지 맛'은 단순한 상품 기획이 아니었다. 사람들은 매일매일 기대했다.

오늘은 어떤 맛이 있을까?

내일은 뭐가 나올까?

그 기대가 발걸음을 이끌었고, 발걸음은 습관이 되었고, 습관은 브랜드가 되었다.

"고객은 오늘의 맛보다 내일의 기대를 구매하러 온다."

어바인 라빈스는 진심으로 즐겁게 일하는 법을 알았다. 여러 가지 재료로 아이스크림을 실험하고, 재미있는 이름을 붙이고, 직원들과 매일 웃었다.

그의 경영 철학은 단순했다.

"기쁨을 만들고 싶다면, 내가 먼저 즐거워야 한다."

그는 말 그대로 일을 놀이처럼 했다. 그리고 많은 사람이 그 놀이에 참여하기 시작했다. 바로 프랜차이즈였다. 어바인 라빈스는 미국에서 프랜차이즈 시스템을 초기에 성공적으로 적용한 개척자 중 한 명이었다.

그는 말했다.

"우리의 진짜 고객은 아이스크림을 사는 사람이 아니라, 아이스크림 가게를 차리고 싶은 사람일지도 모른다."

어바인 라빈스는 비즈니스를 놀이터로 만들 수 있다는 걸 보여주었다. 그렇게 재미있고 독창적인 맛을 개발했다. 그런 진심이 소비자에게 그대로 전해졌다.

어바인 라빈스는 세상에서 가장 유쾌한 방법으로 생각을 실현했다. '기쁨도 팔 수 있다'는 믿음 하나로 마침내 미국 전역에 수천 개의 매장을 열었다. 그의 브랜드는 오늘도 전 세계에서 웃음과 함께 소비된다.

"나는 아이스크림을 판 게 아니라 기쁨을 팔았다."

아이스크림으로 사람들에게 기쁨을 주겠다는 믿음. 그게 어바인 라빈스의 생각대로 사는 법이었다.

어바인의 아들 존 라빈스 John Robbins 는 어린 시절부터 아버지 회사를 물려받을 '후계자'로 키워졌다. 하지만 대학에서 영양학을 배우며 동물 복지와 환경, 건강 문제를 마주한 그는 이렇게 말했다.

"나는 아이스크림으로 사람을 죽이고 싶지 않아요. 내가 원하는 삶은 아버지의 길이 아니에요."

가문을 이을 유일한 아들의 선언은 사업가인 그에게 뼈아픈 거절이었다. 하지만 그는 아들에게 이렇게 말했다.

"좋다. 네가 진심이라면 네 길을 가라. 나는 이제부터 너를 위해 박수를 쳐주마."

그는 아들을 억지로 붙잡지 않았다. 회사를 물려주지도, 생각을 강요하지도 않았다. 자신이 그랬듯 아들도 자기 생각대로 살도록 인정했다.

생각대로 산다는 것은 내 생각을 따르되 타인의 생각도 존중할 수 있는 여유를 갖는 것이다. 어바인 라빈스는 아이스크림으로 세상을 달콤하게 만들었고, 아들의 선택을 존중함으로써 그보다 더 큰 사랑을 보여줬다.

"내가 내 생각대로 살았으니, 너도 네 생각대로 살아보렴."

플러스 메시지

포기를 선택이라
부를 수 있는 용기

30대 중반에 접어든 박동규 씨는 서울에서 마케팅 회사에 다녔다. 그런데 고향에서 오랫동안 편의점을 운영하던 부모님이 모두 돌아가시자 갈등이 생겼다.

"거길 왜 가냐? 거기 가면 다시는 못 온다."

친구들이 말렸지만 동규 씨는 자꾸 고향의 산과 바람 냄새가 떠올랐다. 결국 퇴사하고 고향으로 내려갔다. 아침부터 바쁘게 움직이는 삶이 나쁘지 않았다. 동네 어른들은 마트 앞 의자에 앉아 장기나 바둑을 두고, 아이들은 평상에서 뛰어놀며 동심을 즐겼다.

'나는 서울을 떠난 게 아니라 고향으로 돌아온 거야.'

친구들은 고향으로 돌아가 편의점을 운영하는 것은 경쟁 사회에서 도망치는 거라고 말했다. 창창한 미래를 포기할 거냐고 묻는 친구도 있었다. 하지만 그들은 몰랐다. 생각대로 산다는 건 '포기'를 '선택'이라 부를 수 있는 용기라는 사실을 말이다.

18
자기만의 방이 있어야 한다

영국 출신의 소설가
버지니아 울프

◆

"여자가 소설을 쓰려면 돈과 자기만의 방이 필요하다."

버지니아는 1882년 위대한 사상가와 문학가들이 드나들던 런던의 한 가정에서 태어났다. 책이 넘쳐나는 집이었지만 여자가 지식을 언급하는 걸 금기시하던 시절이었다. 그녀는 어린 시절부터 사물을 세심히 관찰했고, 말보다는 생각으로 숨 쉬는 법을 배웠다.

어머니는 아름답고 강한 여인이었지만, 젊은 나이에 세상을 떠났다. 버지니아는 이별이 얼마나 일찍 찾아올 수 있는지를 알았고, 그녀의 세계엔 항상 결핍과 상실의 파도가 자리를 잡았다.

버지니아는 오빠들에게 학대를 당했는데, 그 기억을 평생 간직했다. 아무에게도 말할 수 없는 침묵 속에 분노와 수치심이 쌓여갔다. 하지만 그녀는 책 속에서 자신을 지켜냈다. 글로써 침묵을 부수는 연습을 시작했다. 그녀는 일기장에 이렇게 적었다.

"사람들이 모르는 내 안의 바다는 글로 다 적을 수 없을 만큼

깊다."

버지니아는 교육 기회에서도 밀려났다. 형제들이 대학에서 공부하는 동안 도서관에서 독학했다.

버지니아는 왜 자신의 지성이 사회에서 외면당하는지 알 수 없었다. 그 모순은 곧 분노가 되었고, 분노는 글이 되었다.

버지니아는 1929년 발표한 《자기만의 방》에서 이렇게 말했다.
"여성은 그동안 타인의 방에서 살았다. 자신이 아닌 아버지의 딸로서, 남편의 아내로서."

그리고 선언했다.
"이제는 여성에게도 자기만의 방이 필요하다!"

그건 물리적 공간이자 정신적 자유를 뜻했다. 경제적 독립, 창조의 자유, 여성이 자기 목소리로 말하기 위한 최소한의 조건 말이다.

버지니아는 늘 우울과 싸웠다. 그녀는 사춘기 시절 언니를 잃고, 오빠들에게 성적 학대를 당했다. 남성 중심 사회에서 지식인으로 살기엔 너무나 많은 벽에 맞닥뜨려야 했다. 하지만 그녀는 침묵하지 않았다. 《등대로》 《댈러웨이 부인》 《파도》 등을 연이어 출간했다.

버지니아의 글은 혁명적이었다. 세상이 강요하는 역할, 태도,

침묵의 틀에 저항했다. 자기 안에서 우러나오는 단어로 그것들과 끝까지 싸웠다.

그러던 어느 날 버지니아는 조용히 강물 속으로 걸어 들어갔다. 그녀가 남긴 마지막 편지엔 이렇게 적혀 있었다.

"나는 더 이상 싸울 수 없어. 그러나 당신과 함께한 모든 시간은 진심이었어."

버지니아는 평생 존재조차 부정당하는 여성의 감정을 드러내기 위해 글을 썼다. 그런 내면의 격랑 속에 몸과 마음을 맡겼다.

버지니아는 말했다.

"나는 더 이상 당신들이 원하는 여자가 아니다. 나는 나다."

시대를 뚫고 나온 한 작가의 문장이 수많은 여성의 삶을 바꿨다.

생각대로 산다는 것은 누군가 만들어놓은 방이 아닌, 내 생각이 머무를 수 있는 방을 스스로 만드는 일이다. 버지니아 울프는 "이게 여성의 삶이다"라고 말하지 않았다. 대신 "나는 이런 삶을 살겠다"고 선언했다.

플러스 메시지

고통이 내 인생을
만들었다

"나는 내 인생을 그렸다. 그게 나한테 유일하게 가능한 일이었기 때문이다."

어린 시절, 소아마비가 프리다 칼로Frida Kahlo의 다리를 앗아갔다. 열여덟 살 때는 버스 사고로 척추가 부서지고 골반이 으깨졌다. 프리다는 병실 천장에 거울을 매달았다. 그 거울을 보며 그림을 그리기 시작했다.

"나는 다시는 나 아닌 누군가가 되고 싶지 않았다."

프리다의 그림엔 자신감이 넘친다. 망가진 몸, 찢긴 심장 그리고 무너지지 않는 눈동자. 사랑했던 디에고 리베라Diego Rivera는 거짓말과 외도로 그녀를 부숴놓았다. 하지만 그녀는 상처를 탓하지 않았다. 그저 더 진하게, 더 날것으로, 더 아름답게 그렸다.

프리다는 고통을 숨기지 않았다. 오히려 꺼내 보였다. 말 대신 색으로 외쳤고, 눈물 대신 붓으로 싸웠다.

"나는 무너졌지만, 무너진 그대로 나였다. 그리고 그런 나를 사랑하기로 했다."

PART 4

Il faut vivre comme on pense,
sans quoi l'on finira par penser comme on a vécu.

19
모든 행동은 생각의 결과물이다

깨달음을 얻어 사람들에게 가르침을 준
부처

그의 이름은 싯다르타 고타마 Siddhartha Gautama. 왕자로 태어났고, 모든 것을 누릴 수 있었다. 하지만 그는 궁전의 담장 너머를 궁금해했다. 스승과 아버지는 그를 보호하려 했다. 하지만 그는 문을 열고 나갔고, 거기서 세 가지를 봤다.

늙음, 병듦, 죽음.

그것은 누구에게나 오는 것이고, 누구도 피할 수 없는 것이었다. 왜 아무도 이 질문을 하지 않는가? 왜 우리는 그냥 사는가?

그는 처음으로 삶을 의심했다.

19세의 싯다르타는 모든 것을 버리고 길을 나섰다. 아내도, 아이도, 왕위도 버렸다. 그는 삶에 대해 알고 싶었다. 수행자들과 함께 금욕을 실천했다. 단식하며 고통을 실험했다. 하지만 그는 말했다.

"고통을 피하는 것도, 고통을 추구하는 것도, 모두 또 다른 집착이다."

그는 보리수나무 아래 앉아 모든 생각을 내려놓고 단 한 가지를 바라보았다.

"나는 진리를 본다."

그 순간, 싯다르타는 부처$_{Buddha}$가 되었다. '깨달은 자'가 된 것이다.

"삶은 고통이다."

하지만 그 고통은 피할 수 없는 게 아니라, 다르게 볼 수도 있는 것이다.

"집착이 고통을 만든다. 바라지 않으면 괴롭지 않다."

"모든 것은 인연으로 이루어져 있다. 집착하지 않으면 자유로울 수 있다."

그는 군주가 아니라, 스승이 되기로 했다. 권위가 아니라, 깨달음의 길을 보여주는 손가락이 되었다. 부처는 신이 아니다. 그는 말했다.

"내 말을 따르지 마라. 너 스스로 생각하라. 그것이 진정한 길이다."

그는 철학자였고, 심리학자였고, 치유자였고, 세상의 진실을 고요히 해석한 존재였다. 그는 신비보다 실천을 중시했다. 기도보다 관찰을 강조했다. 그리고 믿음보다 '깨달음'을 추구했다.

부처는 칼도 들지 않았고, 나라를 세우지도 않았다. 하지만 그의 존재는 2500년을 살아남았다. 그는 말했다.

"내가 걸어간 길은 너도 걸어갈 수 있는 길이다."

지금도 그 길은 이어진다.

침묵처럼, 자비처럼, 깊은 숨처럼.

"나는 세상을 바꾼 것이 아니라, 세상을 바라보는 나를 바꾸었다."

생각대로 산다는 것은 누군가 정해준 길이 아니라, 나만의 물음에 끝까지 답하려는 태도다. 부처는 '사는 대로'의 삶이 얼마나 공허한지 알았고, 생각의 길을 택했다. 그렇게 왕이 되기보다 깨어 있는 사람이 되기를 택했다.

"지금 내 고통은 어디에서 왔는가?"

그게 바로 생각대로 사는 것의 첫 질문이다.

플러스 메시지

용서의 무게를
짊어진다는 것

"나는 자유를 향해 길을 떠났다. 하지만 분노와 증오를 등에 짊어지고 앞으로 나아갈 수는 없었다."

넬슨 만델라 Nelson Mandela 는 이렇게 말했다.

27년 동안 감옥에 갇혀 있었지만, 그 무엇도 그의 정신을 꺾지 못했다. 오히려 그 안에서 더 넓은 세상을 보았다. 불의에 맞서 싸우는 법, 무엇보다 용서하는 법을 깨달았다. 사람들은 그에게 물었다.

"당신을 가두고 괴롭힌 자들을 어떻게 용서할 수 있었습니까?"

그는 조용히 답했다.

"용서는 그들을 위한 것이 아니라, 나 자신을 자유롭게 하기 위한 것입니다."

대통령이 되었을 때, 그가 가장 먼저 한 일은 '보복'이 아니었다. 흑인과 백인이 함께 꿈꾸는 미래를 이야기하며, 자신이 갇혔던 교도소의 교도관을 취임식에 초대했다. 진정한 리더는 분노를 힘으로 바꾸는 사람이 아니라, 용서로 다리를 놓는 사람이라는 걸 그는 삶으로써 증명해 보였다.

그의 선택은 언제나 '과거에 머물지 않는 것'이었다. 살아 있다는 건, 또한 생각하며 산다는 건 계속해서 용서를 선택하는 용기라는 걸 그는 우리에게 알려주었다.

20
생각 하나가
세상을 바꾼다

영국의 의사이자 생물학자
알렉산더 플레밍

"당신의 무심함이 세상을 구할 수도 있습니다."

1928년 가을, 런던 세인트메리 병원의 허름한 실험실. 휴가에서 돌아와 실험 도구를 정리하던 알렉산더 플레밍Alexander Fleming은 한쪽 구석에 방치된 페트리 접시 하나를 발견했다. 그건 꽤 오래된 배양 접시였다. 평소라면 그대로 폐기했을 테지만, 플레밍은 무심코 그 안을 들여다보았다.

'아니, 저게 뭐지?'

접시에서 이상한 일이 벌어지고 있었다. 푸르스름한 곰팡이가 중심에 퍼져 있고, 그 주위의 세균들은 마치 누군가 지운 것처럼 사라지고 없었다. 대부분의 연구자라면 '오염'되었다며 접시를 그대로 쓰레기통에 버렸을 것이다. 그러나 플레밍은 손을 멈추고, 그 곰팡이를 관찰했다.

'왜 곰팡이 주변의 세균이 사라졌을까?'

단 한 번의 이 질문이 새로운 세계의 문을 열었다.

실험을 반복한 플레밍은 그것이 페니실리움_Penicillium_이라는 곰팡이에서 나온 것이며, 세균을 죽이는 물질을 만들어낸다는 사실을 밝혀냈다. 이 물질은 곧 페니실린으로 불렸고, 이후 수많은 생명을 구하는 최초의 항생제로 자리 잡았다.

하지만 처음에 플레밍의 발견은 그다지 주목받지 못했다. 세균을 죽이는 물질을 발견했다는 논문을 냈지만, 반응은 미적지근했다. 당시 의학계는 그저 '신기한 일' 정도로 받아들였고, 그걸 산업화할 기술도 없었다.

플레밍은 억지로 떠들지 않았다. 조용히 실험실로 돌아가 다른 연구를 이어갔다. 진실은 언젠가 드러난다고 믿었기 때문이다.

10여 년 후, 제2차 세계대전이 발발했다. 전장에서 부상병의 생명을 구할 치료법이 절실했고, 그제야 플레밍의 연구가 주목을 받았다.

화학자 하워드 플로리와 에른스트 체인이 페니실린의 대량 생산법을 개발하면서, 그 곰팡이에서 추출한 물질이 수백만 명의 생명을 살렸다. 플레밍은 훗날 이렇게 말했다.

"나는 아무것도 발명하지 않았다. 단지 자연이 만든 것을 발견했을 뿐이다."

우리는 인생의 대부분을 '무심함'과 '실수' 속에서 지나친다. 하지만 플레밍은 거기서 멈춰 섰다. 곰팡이를 탓하지 않았고, 오염이라 단정하지도 않았다. 그저 질문했고, 지켜봤고, 받아들였다.

생각대로 산다는 것은 거창한 계획을 세우는 게 아닐지도 모른다. 어쩌면 그것은 일상의 사소한 우연을 소중히 여기고, 그 속에서 가능성을 발견하는 태도일지 모른다. 플레밍은 세상을 바꿀 생각을 하지 않았다. 하지만 생각대로 살았고, 그 삶이 세상을 바꿨다.

플러스 메시지

자연과
조화를 이루는 삶

"지식인이 되기보다 생명의 언어를 통역하고 싶었습니다."

서울대 생물학과를 졸업하고, 미국 하버드 대학에서 개미를 연구하던 유학생은 어느 날 실험실을 나와 이렇게 중얼거렸다.

"왜 인간은 자연과 분리된 존재처럼 군림하려 할까."

이 질문이 그의 인생 전체를 뒤흔들었다.

최재천崔在天은 10년 넘게 개미의 삶을 관찰했다. 실험실에서, 현장에서 조용한 눈으로 그들이 무엇을 말하고 있는지 들으려 애썼다.

그의 연구는 뛰어났고, 논문은 세계적인 저널에 실렸다. 그럴수록 그는 점점 더 확신했다.

"나는 개미를 연구하는 게 아니라, 인간을 이해하려 개미에게 배우는 것이다."

 한 번은 초등학생이 물었다.

 "선생님, 왜 그렇게 개미를 오래 관찰하세요?"

 최재천은 이렇게 대답했다.

 "그들도 자기 방식의 언어로 살아가고 있어서란다."

 그는 인간 중심의 사고에서 벗어나, 생명과 자연이 유기적으로 연결되어 있다는 사실을 과학과 철학 그리고 문학을 통해 끊임없이 전달해 왔다.

 그의 말과 삶은 생각대로 산다는 것이 단지 의지나 성공의 문제가 아니라, 자연과 조화를 이루는 태도임을 보여준다.

21
세상의 벽을
길로 바꾸는 법

국내 1호 산부인과 여성 의사
이길여

1950년대 초, 경남 진주. 열다섯 살 소녀 이길여(李吉女)는 교실 뒤편에서 선생님의 얘기를 듣고 있었다.

"의사는 힘들어. 더구나 여자가 의사라니, 누가 환자를 맡기겠니?"

선생님의 말이 차갑게 머릿속에 남았다. 순간, 소녀의 가슴에 무언가가 생겨났다. 그건 작은 불씨였다.

'남이 정한 길을 그대로 따를 필요는 없어. 그 길이 아니라면, 내가 다른 길을 만들 거야.'

그렇게 어린 소녀는 자신을 가두려는 세상의 목소리에 등을 돌렸다. 그리고 어느 날 아침, 작은 보따리를 들고 서울행 기차에 올랐다.

여자는 의사가 될 수 없다는 세상의 그 단단한 벽을 마주한 순간에도 소녀는 의심하지 않았다.

'내가 의사가 되는 순간, 그 벽은 길이 될 거야.'

소녀는 마침내 서울대학교 의과대학에 합격했고, 여성으로는 한국 최초의 산부인과 전문의가 되었다. 그 시절, 여성 환자들은 으레 남자 의사 앞에서 침묵하곤 했다. 하지만 이길여의 진료실에 들어설 때만큼은 달랐다.

의대를 졸업한 이길여는 환자를 처음 만난 날을 생생히 기억한다. 병실 구석에서 혼자 떨고 있던 젊은 산모였다.
"남자 의사 앞에서는 말하기 어려웠어요."
산모의 눈물이 병실 바닥에 떨어졌다. 그날 이길여는 두 가지를 결심했다. 하나는 '절대 환자를 외면하지 말 것' 또 하나는 '환자가 가장 필요로 하는 순간 곁에 있을 것'이었다. 그 후로 환자의 이름뿐 아니라, 그들의 삶과 슬픔 그리고 희망까지 기억하는 의사로 성장했다.

세상은 여전히 "의사는 치료만 하면 된다"고 말했지만, 이길여에게 의사란 단순히 병을 고치는 사람이 아니라 환자의 마음까지 어루만지는 존재였다. 가난한 환자들을 진료할 때마다 그녀는 고민했다.

'의료가 돈 앞에서 멈춘다면, 사람을 살린다는 말이 무슨 의미

인가?'

병원이 필요했다. 모두가 치료받을 수 있는 병원, 가난한 사람들의 손을 잡아주는 병원. 마침내 1978년 전 재산을 털어 인천에 작은 병원을 열었다. 바로 '길병원'이다. '살길'을 찾는다는 의미를 담아 지은 이름이다.

처음엔 의사가 그녀 혼자뿐이었다. 낮에는 환자를 돌보고, 밤에는 병원을 청소했다. 심지어 페인트칠과 전구 갈기까지 해냈다. 사람들이 묻곤 했다.
"혼자서 그렇게 다 해낼 수 있을까요?"
그녀의 답은 단순했다.
"길은 누군가가 먼저 걷지 않으면 절대 생기지 않아요. 그 길을 내가 걷는 것뿐이에요."
길병원이 자리를 잡자 이길여는 또 다른 길을 걸어보기로 했다. 의료는 사람을 구할 수 있지만, 교육은 삶을 바꿀 수 있을 터였다.
'교육이 세상을 바꾼다.'
그 믿음 아래 가천대학교를 세웠다. 학생들이 등록금 때문에 꿈을 접지 않도록 장학금을 주었다. 캠퍼스에선 그녀를 어머니처럼 따르는 학생들이 늘어났다.
"기회는 누구에게나 있어야 합니다. 내가 처음 걷는 길이 여러분에게 작은 빛이라도 되길 바랍니다."

오랜 시간이 흘러 어느덧 여든이 넘은 이길여에게 기자가 물었다.
"인생에서 가장 후회 없는 일은 무엇인가요?"
그녀는 부드럽게 미소 지으며 답했다.
"내 앞에 길이 없을 때, 뒤돌아가지 않고 직접 걸어본 것. 그리고 그 길 위에서 마주친 수많은 사람에게 '당신도 할 수 있다'고 말해준 거예요."
이길여는 여전히 세상에 없던 길을 걷고 있다. 그 길 위에서 그녀가 남기는 메시지는 분명했다.
"당신이 원하는 삶을 사세요. 길이 없다면, 당신이 길이 되면 됩니다."

생각대로 산다는 것은, 누구도 꿈꾸지 않는 곳에서, 가장 먼저 꿈꾸는 사람이 되는 일이다.
"제가 학생들에게 가장 많이 하는 말이 있어요. 꿈을 크게 가지라는 거죠. 안 돼도 좋으니 일단 크게 가지라는 거예요. 아무것도 안 하려는 게 문제지, 해서 실패하는 건 문제가 아니거든요. 실패도 해봐야 그릇이 커집니다."

　이길여는 시대가 허락하지 않은 삶을 스스로 허락했고, 끝내 이루어냈다. 그녀는 생각대로 살았다. 그래서 수많은 사람이 새로운 생명을 얻었다.

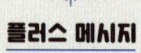
플러스 메시지

무엇이 성공인가

랠프 왈도 에머슨

성공은 자주 많이 웃고
지혜로운 사람에게 존경받고 아이들에게 사랑받는 것
정직한 비평가에게 찬사를 듣고 친구의 배반을 참는 것
아름다운 것을 식별할 줄 알고
다른 사람의 장점을 발견해 내는 것
건강한 아이를 하나 낳든
작은 정원을 가꾸든 사회 환경을 개선하듯
자기가 태어나기 전보다
조금이라도 살기 좋은 곳으로 만들어놓고 떠나는 것

이 땅에 잠시 머물다 감으로써

단 한 사람의 인생이라도 행복해지는 것

이것이 진정한 사랑이다.

22
침묵은
목소리가 된다

비평가 겸 역사가
토머스 칼라일

"지금은 말할 수 없을 뿐 생각은 계속되고 있다."

19세기 초, 스코틀랜드의 한 시골 마을. 토머스 칼라일Thomas Carlyle은 목사의 아들로 태어났다. 가난하지만 학문을 숭상하는 집안에서 자란 그는 처음엔 수학자가 되려 했다. 그러나 인생은 그를 철학과 문학, 역사 속으로 끌고 갔다.

그는 깊이 사색했고, 번역했고, 그리고 썼다.

하지만 젊은 날의 칼라일은 심각한 우울증과 침묵의 늪에 빠져 있었다. 말이 나오지 않았고, 글도 쓸 수 없었다. 외부와 단절된 내면의 감옥 안에서 몸부림쳤다.

"나는 세상과 단절되어 있었다. 말을 할 수 없고, 이해받을 수도 없었다. 그러나 내 안에서는 거대한 뭔가가 천천히 움직이고 있었다."

이 시기에 그는 독일 철학자 괴테의 책을 번역하면서 새로운 가능성을 보았다. 단어와 문장이 자신의 고통을 질서 지우는 틀이 될 수 있다는 걸 깨달은 것이다. 그는 괴테를 통해 고통의 언어를 배우고, 그 언어로 다시 세상과 연결되기 시작했다.

그의 대표작 《의상 철학 Sartor Resartus》은 철학적 자전소설이다. 절망과 구원 그리고 존재론적 탐색을 담은 이 책은 당시 사람들에겐 너무 어렵고 독특했다. 출판사는 원고를 외면했고, 그는 경제적으로 파산 직전까지 몰렸다. 두 번째 대작 《프랑스 혁명사》는 완성 직전, 친구 존 스튜어트 밀의 하녀가 실수로 벽난로에 원고를 넣어버리는 참극을 겪었다. 칼라일은 무너졌다. 하지만 다시 책상 앞에 앉았다. 그리고 한 자 한 자 모든 내용을 기억하며 다시 써 내려갔다. 그는 이렇게 말했다.

"타버린 것은 종이일 뿐 생각은 내 안에 남아 있다."

이 사건은 칼라일의 정신을 단련시킨 결정적 순간이었다. 그는 '생각은 언제든 다시 쓸 수 있다'는 확신을 품었고, 글을 단순한 표현이 아닌 의지의 형상화로 여겼다.

"영웅은 말하는 자다."

칼라일은 이후 《영웅 숭배론》에서 인간 정신의 원형을 '말하는 자, 생각을 드러내는 자', 곧 '영웅'으로 규정했다. 그에게 영웅은 정치가나 장군이 아니라 사유하는 사람, 통찰하는 사람이었다.

"위대한 영웅은 자신의 생각을 말할 줄 아는 자다. 역사는 그런 사람들의 궤적이다."

《영웅 숭배론》은 영국 사회에 큰 반향을 일으켰고, 그는 '사상의 기둥'으로 우뚝 올라섰다.

칼라일은 일반 사람들에게 그 이름이나 작품보다 "셰익스피어는 인도와도 바꿀 수 없다(혹은 인도는 포기할 수 있으나 셰익스피어는 포기할 수 없다)"라는 말을 한 것으로 유명하다. 하지만 《영웅 숭배론》에 나오는 이 구절은 매우 와전된 것으로, 원래 문장은 다음과 같다.

"Indian Empire will go, at any rate, some day; but this Shakspeare does not go, he lasts forever with us."

직역하면 이렇다.

"인도 제국은 어떤 속도로든, 언젠가는 사라지겠지만, 셰익스피어는 사라지지 않을 것이며, 영원히 우리와 함께할 것이다."

실제로 인도는 1947년 영국으로부터 독립했다. 하지만 셰익스피어는 영어가 소멸하지 않는 한 영국의 유산으로 영원히 남아 있을 것이다.

칼라일은 악필로 유명했는데, 그와 관련한 일화가 있다.

칼라일의 책을 맡은 런던의 한 인쇄소가 그의 원고를 작업하기 위해 스코틀랜드에서 베테랑 문선공을 데려왔다. 그런데 그 문선공이 자기가 작업할 원고를 받아보고는 소리쳤다.

"젠장! 팔자 한번 사납군! 이 인간 원고를 피하려고 런던까지 도망쳐 왔는데."

칼라일은 세속적 성공보다 인간 내면의 질서와 도덕적 목소리에 집중했다. 그는 군중 속에서 외치는 사람보다 홀로 사유하고 침묵 속에서 진실을 추구하는 사람의 힘을 더 믿었다.

그는 누구보다 깊이 생각대로 살려고 애썼다. 말을 잃어도, 글을 잃어도 멈추지 않았다. 그의 사유는 고요 속에서 더 강해졌고, 침묵은 결국 목소리가 되었다.

그는 내면의 혼란을 견디며 생각을 쌓아 올린 자만이 마침내 사람들에게 말할 자격을 얻는다는 것을 보여주었다. 세상과 단절되었다고 느낄 때, 당신 안에서도 커다란 무언가가 자라고 있을지 모른다. 그럴 때 칼라일처럼 그 생각을 끝까지 붙잡을 수 있다면 좋을 것이다.

생각대로 산다는 것은 혼란한 시대에도 내면의 질서를 믿는 것이다. 토머스 칼라일은 시대를 비판했지만, 그 누구보다 시대를 사랑했다. 그는 '사는 대로' 사는 사람들 속에서 깨어 있는 사람은 어떻게 사는지를 끝없이 묻고 실천했다. 그래서 지금도 생각대로 살고자 하는 사람들의 고전이자 거울로 남아 있다.

✴ 플러스 메시지

오늘을 사랑하라

토머스 칼라일

어제는 이미 과거 속에 묻혀 있고

미래는 아직 오지 않은 날이라네.

우리가 살고 있는 날은 바로 오늘

우리가 사용할 수 있는 날은 오늘

우리가 소유할 수 있는 날은 오늘뿐

오늘을 사랑하라.

오늘에 정성을 쏟아라.

오늘 만나는 사람을 따뜻하게 대하라.

오늘은 영원 속의 오늘

오늘처럼 중요한 날도 없다.

오늘처럼 소중한 시간도 없다.

오늘을 사랑하라.

어제의 미련을 버려라.

오지도 않은 내일을 걱정하지 마라.

우리의 삶은 오늘의 연속이다.

23
내 생각을
세상 언어로
바꾸는 것

무명 작가에서 베스트셀러 작가가 된
잭 캔필드

"누군가의 심장을 데우는 말은 결코 사라지지 않는다."

1990년대 초, 잭 캔필드 Jack Canfield 는 미국 전역을 돌며 강연하던 자기 계발 강사였다. 그는 사람들에게 긍정적인 말, 힘을 주는 이야기의 중요성을 설파했다. 하지만 강연이 끝난 후에는 마음이 쉽게 식어버리는 이들을 보며 생각했다.

'강연은 쉬이 잊히지만, 글은 오래 남는다. 사람의 마음을 데우는 이야기를 모아보면 어떨까?'

그는 매일 신문, 잡지, 라디오, 주변 지인들에게서 감동적인 실화를 모았다. 소박하고 평범한 일상 속에서 피어나는 작은 기적들……. 그렇게 수백 편의 짧은 이야기들이 쌓이기 시작했다. 하지만 아무도 이걸 '책'으로 묶는 데 관심이 없었다.

잭 캔필드는 자신의 파트너 마크 빅터 핸슨 Mark Victor Hansen 과 함께 이 이야기들을 엮은 원고를 들고 출판사 144곳을 찾아다녔다. 그리고 144번 모두 똑같은 말을 들었다.

"이건 시장성이 없어요."

"이야기가 너무 짧고 감상적입니다."

"베스트셀러가 될 요소가 없습니다."

어떤 출판사도 두 사람의 원고를 받아주지 않았다. 심지어 조롱하는 말까지 들었다.

"그렇게 사람들 감성을 자극해서는 책이 안 팔려요."

그때 잭은 마크에게 이렇게 말했다.

"144번의 거절은 중요하지 않아. 우리에게 필요한 건 단 하나의 '예스'야."

결국 145번째로 만난 작은 출판사 헬스 커뮤니케이션스Health Communications가 그 원고를 출간했다. 책의 제목은《영혼을 위한 닭고기 수프(Chicken Soup for the Soul)》.

처음엔 천천히 팔리던 책은 이내 입소문을 탔다. '누군가에게 선물하고 싶은 책' '마음을 안아주는 책'이라는 찬사와 함께 사람들의 서가에 놓이기 시작했다. 그리고 어느 순간, 미국 전역 서점에서 판매 1위를 차지했다. 그 후 이 시리즈는 40개 언어로 번역되고, 5억 부 넘게 판매되었다.

잭 캔필드는 말했다.

"생각은 시작이다. 행동이 그것을 세상에 증명한다."

그는 단지 꿈을 꾸는 사람으로 남지 않았다. '계속 행동하는 사람'이었다. 그가 강조하는 성공의 법칙은 거창하지 않았다.

- 매일 감사할 것.
- 작은 행동이라도 매일 할 것.
- 자신을 의심하지 말고, 계속 요청할 것.

그 스스로도 이를 실천했다. 144번의 거절도 그를 멈추게 하지 못했다. 오히려 그 숫자만큼 더 강한 '예스'를 만들었다.

잭 캔필드는 '따뜻한 이야기'가 세상을 바꿀 수 있다고 믿었다. 그 믿음을 마음에 품고 145번째 문을 두드려 마침내 큰 성공을 거두었다.

생각대로 산다는 건 내 생각을 믿는 데서 그치지 않고, 그 생각을 세상이 들을 수 있는 언어로 옮기는 것이다. 잭 캔필드는 말했다.

"생각만으로는 부족하다. 움직여야 한다. 당신의 '145번째'는 내일일 수도 있다."

플러스 메시지

중졸에서
10억대 연봉자가 되다

안규호 씨는 돈을 벌겠다는 일념으로 고등학교를 중퇴하고 사회에 뛰어들었다. 그 후 대출, 핸드폰, 비데, 보험 등 안 해본 일이 없을 정도로 영업 분야에서 잔뼈가 굵었다. 그는 특유의 근성과 영업력으로 손대는 일마다 최고의 실적을 만들어냈다.

중졸 학력임에도 책을 내고 경영 컨설팅을 통해 수천 명의 제자를 배출했다. 그뿐만 아니라 '완미족발'이라는 프랜차이즈를 론칭해 2년 만에 170개 매장을 설립하는 데 성공했다. 지금 그의 연봉은 10억 원이 넘는다

유튜브의 '안대장 TV'는 30만 구독자를 자랑한다.

"내가 포기하고 아무것도 하지 않으면 나는 가능성 0퍼센트의 사람이 되지만, 무엇이든 하나라도 시도한다면 1퍼센트의 사람

이 된 것이고, 그것을 꾸준히 지속하면 100퍼센트의 사람이 되는 것이다."

생각대로 산다는 것은 크지 않아도 진심으로 말하는 삶을 택하는 일이다.

안규호는 매일 쓰고, 말하고, 버티고, 묵묵히 걸었다. 그게 결국 사람들에게 닿았다.

안규호는 '잘 되는 말'이 아니라 '잘 사는 말'을 추구하는 사람이다.

24
이 싸움은
나의 것이다

미얀마의 민주화 운동가이자 정치가
아웅 산 수 치

"자유는 두려움이 없는 상태에서 시작된다."

아웅 산 수 치Aung San Suu Kyi는 미얀마 독립의 영웅 아웅 산 장군의 딸로 태어났다. 아버지는 수 치가 두 살이 되기도 전에 암살당했다. 기억도 없이 떠나보낸 아버지였지만, 그의 이름은 늘 '국가'와 동의어였다. 사람들은 말했다.

"이 아이는 아웅 산의 딸이다."

수 치는 일찌감치 깨달았다. 그녀는 한 개인이 아니라 '상징'이었다.

그녀가 유산처럼 물려받은 것은 자유에 대한 신념이었다. "민주주의는 나의 유전자 속에 있다"는 말처럼, 그녀는 언제나 자유와 독재의 줄다리기 속에 존재했다.

수 치는 청년기에 인도와 영국에서 학문을 닦고 옥스퍼드에서 조용하고 품위 있는 삶을 살았다. 남편 마이클 아리스 그리고 두

아들과 함께 세계 정치에서 한발 물러나 풍요로운 문명에 만족했다. 그러던 어느 날 고국으로부터 어머니가 위독하다는 소식을 들었다. 이제 미얀마로 돌아가야 했다.

"며칠이면 끝날 일이었죠. 그때는 몰랐어요, 그곳에 갇힐 줄은."

1988년 당시 미얀마는 민주화 시위로 들끓고 있었다. 군부는 시민들의 시위를 유혈 진압했다. 그녀는 침묵할 수 없었다.

"누군가는 말을 해야 했습니다."

대중 앞에서 마이크를 잡은 그녀는 총보다 강한 목소리를 무기로 삼았다. 비폭력, 민주주의, 국민의 뜻……. 군부가 총칼을 들었다면, 그녀는 '말'을 꺼내 들었다.

"이 싸움은 나의 것이다."

수 치는 간디와 넬슨 만델라의 정신을 따르며, 무력에 무력으로 맞서지 않기로 결심했다. 그녀의 연설은 전율을 일으켰고, 군부는 그 조용한 목소리를 두려워했다. 그 결과는 15년 동안의 가택 연금이었다. 하지만 그녀는 굴하지 않았다.

"나는 감옥에 있는 것이 아니라, 신념에 갇혀 있다."

1991년 수 치는 노벨 평화상을 받았다. 남편과 아이들이 수상을 대신했다. 그녀의 외로운 투쟁은 세계의 조명을 받았고, 침묵은 전 세계의 박수로 채워졌다.

2015년 마침내 미얀마는 민주화를 이뤘다. 그러나 권력을 잡은 후, 그녀는 로힝야족 문제를 방조해 전 세계를 실망시켰다. '빛의 아이콘'은 '침묵하는 책임자'가 되었고, 찬란했던 그녀의 이미지에도 균열이 생겼다.

생각대로 산다는 것은 자기 신념이 세상의 시선보다 클 수 있는가의 문제다. 아웅 산 수 치는 총이 아닌 신념으로 미얀마 군부를 가장 아프게 찔렀다. 그녀는 자신의 삶으로 민주주의를 정의했다. 그녀는 지금도 우리에게 묻는다. 당신은 생각대로 살고 있는가?

플러스 메시지

문이 없으면
내가 만들고 간다

"여자도 남자와 같은 권리를 갖는 것이 혁명이 되어서는 안 된다."

루스 베이더 긴즈버그Ruth Bader Ginsburg가 하버드 법대에 들어갔을 때, 학생 500명 중 여자는 단 9명뿐이었다.

교수는 물었다.

"당신이 이 자리에 있어야 할 이유가 뭔가요? 한 남자의 자리를 뺏었는데."

그녀는 더 열심히 공부해 수석으로 졸업했다. 하지만 로펌들은 그녀를 뽑지 않았다. 여성, 어머니 그리고 유대인이었기 때문이다. 그녀는 다짐했다.

"문이 없다면, 내가 만든다."

루스는 변호사로, 교수로, 판사로 여성의 권리를 하나씩, 조용히, 그러나 단호하게 법의 언어로 바꿔놓기 시작했다. 그녀는 시끄럽게 싸우지 않았다. 논리와 인내, 선례와 존중으로 세상을 설득했다. 연방 대법관이 된 뒤에도 다수 의견보다 소수 의견에서 빛났다.

"오늘은 졌지만, 언젠가 이 의견이 승리할 것이다."

그리고 실제로 그 '소수의 목소리'는 미래를 이끌어가는 '다수의 방향'이 되었다. 암 투병 중에도 단 한 번의 공백 없이 재판에 임한 그녀는 '불굴의 루스' '진정한 RBG'라고 불렸다.

PART 5

―――――∽∘∾―――――

*Il faut vivre comme on pense,
sans quoi l'on finira par penser comme on a vécu*

25
자기 신념 앞에
부끄럽지 않은 삶

미국의 39대 대통령
지미 카터

지미 카터Jimmy Carter는 미국 역사상 가장 '이상한' 대통령이었다. 정치를 하는 그의 방식이 너무나 비정치적이었기 때문이다.

"내가 옳다고 믿는 일이라면, 인기가 없어도 하겠다."

"도덕 없는 성공은 진짜 성공이 아니다."

"나는 국민이 아니라 양심 앞에서 먼저 부끄럽지 않기를 원한다."

이런 태도로 인해 정치적으로 고립되고, 재선에 실패하기까지 했다. 그럼에도 그는 정치보다 신념을 택했다.

"나는 옳은 선택을 했고, 그 대가도 함께 감당하겠다."

그는 '생각대로 산 삶의 완벽한 전형'이었다.

지미 카터의 진짜 생각은 권력을 내려놓은 뒤 펼쳐지기 시작했다. 1981년 대통령직에서 물러난 후, '카터 재단'을 설립해 전 세계 빈곤 퇴치와 인권 보호에 앞장섰다. 실제로 가난한 지역에서

집을 짓는 봉사에 직접 나섰다. 많은 나이에도 불구하고 아프리카에서 말라리아 예방 캠페인, 조지아주 빈민촌에서 자원봉사 등 온몸으로 사유를 실천했다.

"나는 대통령일 때보다 지금 더 중요한 일을 하고 있다고 느낀다."

이렇게 그는 퇴임 후 진짜 철학을 실천했다. 생각대로 산다는 건 성공의 기준을 자기 손으로 재정의하는 것이다. 지미 카터는 역사상 가장 낮은 지지율로 퇴임했지만, 이후 오히려 전 세계의 존경을 받는 인물이 되었다.

2002년에는 노벨 평화상을 수상했고, 평생 소득의 대부분을 기부하며 소박한 집에서 살았다. 그는 사람들에게 이런 화두를 던졌다.

"남들이 보는 삶을 살 것인가, 아니면 스스로 납득할 수 있는 삶을 살 것인가?"

얼마 전 지미 카터의 사망 소식을 접하고 나는 몇 분 동안 그의 영면을 추모했다. 그의 조용한 실천은 나에게 어떤 정치인의 연설보다도 더 깊은 감동을 주었다.

생각대로 산다는 건 결국 자기 내면의 윤리와 겉으로 드러나는 삶의 무늬가 일치하는 것 아닐까?

지미 카터는 대통령이었지만, 권력에 취하지 않았다. 전직 대통령이었지만, 가장 낮은 자리로 내려갔다. 그는 생각을 말로 하지 않고, 삶 전체로 증명한 사람이었다.

그는 생각대로 살았고, 그 생각은 정치가 아니라 삶 자체였다.

"위대한 대통령은 잊힐 수 있어도, 위대한 인간은 끝까지 남는다."

플러스 메시지

지식보다
마음을 전하는 만남

중학교 교사로 퇴직한 60대 후반의 김은아 씨는 낮엔 손주를 돌보고, 밤에는 교실로 향한다. 학생은 주로 60대와 70대 할머니들이다. 개중에는 뒤늦게 글자를 깨우친 기쁨에 겨워 눈물 흘리는 분들도 있다.

은아 씨는 늦깎이 할머니들의 그런 마음과 자세에 큰 감동을 받곤 한다.

"가르치는 게 아니라 같이 배우고 있죠."

그리고 은아 씨는 매번 스스로에게 묻는다.

'나는 내 생각대로 가르치고 있는 걸까?'

생각대로 사는 것은 스스로 인생의 답을 찾아가는 과정이다.

교과서보다 중요한 건 '내가 왜 배워야 하는지'를 함께 나누는 시간이다. 얄팍한 지식보다 서로의 마음을 전하는 교육이 절실한 요즘이다.

26
지금 이 선택이
내 존재의 전부

철학사의 흐름을 바꾼
프리드리히 니체

어느 날, 젊은 프리드리히 니체Friedrich Nietzsche는 알프스산맥을 바라보며 이런 생각을 했다.

'내 삶을 다시 한번 살아도 좋다고 말할 수 있는 날이 올까?'

니체는 교수 자리를 얻었고, 여러 철학서를 집필했다. 고통과 편두통, 배신과 오해 속에서도 펜을 놓지 않았다. 그 모든 괴로움이 언젠가 의미를 갖게 될 것이라 믿으며, 인간의 허위를 벗기는 데 전념했다.

니체에게 삶은 질문 자체였다.

'왜 사는가? 무엇을 위해 사는가?'

그리고 스스로 답했다.

'신은 죽었다. 이제 너 자신이 신이 되어야 한다.'

그의 철학은 단순한 지적 운동이 아니었다. 삶의 형식이었다. 삶이 고통스러울수록 존재는 예리하게 깨어났다.

그는 말했다.

"당신의 삶을 사랑하라. 그것이 다시 반복되어도 좋을 만큼."

니체는 유복한 가정에서 자랐다. 하지만 다섯 살이 되기도 전에 아버지를 잃었다. 어릴 적부터 '상실'과 '침묵'을 친구 삼아야 했다. 고요한 독일 시골 마을에서, 혼자 철학책을 파고들었다. 스물넷에는 바젤 대학의 최연소 교수가 되었다. 하지만 세상은 그의 빠른 두뇌를 두려워했고, 그의 깊은 통찰을 이해하지 못했다.

"신은 죽었다!"

니체가 이렇게 선언했을 때, 사람들은 그를 광인이라고 불렀다. 하지만 그는 신을 죽이려 한 게 아니었다. 이미 죽은 신의 무덤 앞에서, 인간에게 깨어나라고 말하고 싶었던 것뿐이다.

니체의 인생은 고독으로 얼룩졌다. 가장 가까운 친구 바그너와 결별했고, 사랑했던 살로메에게는 거절을 당했다. 그는 세상으로부터 철저히 고립된 채 홀로 글을 썼다. 하지만 그에게 고통은 무의미하지 않았다.

"고통은 삶의 가장 위대한 교사다."

모든 상처는 더 나은 사유를 위한 문이었다.

그리하여 이렇게 외쳤다.

"나를 죽이지 못한 고통은 나를 더 강하게 만든다."

니체의 철학은 단 하나의 질문으로 돌아간다.

"만약 지금의 삶이 영원히 반복된다면, 당신은 견딜 수 있는가?"

이 무서운 질문은 우리 삶의 진실을 드러낸다. 억지로 사는 삶, 남이 짜준 각본대로 사는 삶, 불행을 외면하며 살아가는 삶은 결코 다시 살고 싶지 않은 삶이다. 니체는 우리에게 말한다.

"당신이 지금 하는 선택이 당신 존재의 전체다."

그리고 이렇게 결론짓는다.

"운명을 사랑하라. 그것이 당신의 삶이다. 당신 전체다."

1889년 니체는 토리노 거리에서 채찍질당하는 말한테 달려가 그 목을 껴안고는 울음을 터뜨렸다. 그날 이후, 그는 현실의 언어로 돌아오지 못했다. 광기 속에서 생을 마감했다. 하지만 완전히 무너지기 전에 그는 이렇게 썼다.

"나는 인간을 넘어서길 원한다. 초인은 고통과 모순을 넘는 인간이다. 자기 스스로 삶을 예술로 만드는 인간이다."

그가 남긴 말, 그가 살아낸 고통, 그가 내민 질문은 지금 이 순간에도 누군가의 삶을 바꾸고 있다.

생각대로 산다는 것은 진실한 고통조차 피하지 않고 껴안는 삶이다. 니체는 세상과 타협하지 않고, 자기 사유를 끝까지 밀어붙였다. 그는 '사는 대로 생각하는 것'을 부정했을 뿐 아니라, 스스로를 무너뜨려 다시 쌓아 올렸다.

"나는 생각대로 살았고, 그래서 이 고독은 진짜다."

그는 미쳐간 게 아니라, 끝까지 깨어 있었다.

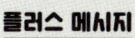
플러스 메시지

그림자로 찾은
내 안의 빛

숫자와 계산 속에서 늘 정해진 답만을 찾아온 김소연 씨는 어릴 적에 품었던 꿈이 내내 잊히지 않았다. 우연히 참석한 야간 미술 강좌에서, 자신도 모르게 색연필을 쥐어보았다.

'이게 바로 나의 목소리다.'

순간 이런 느낌이 스며들자, 소연 씨는 회계사라는 직업을 접고 프리랜서 일러스트 작가로의 전환을 결심했다. 오늘날 그의 작품은 한 폭의 시처럼 사람들의 마음에 잔잔한 울림을 준다. 소연 씨는 생각대로 살 때 비로소 자신의 그림자도 자기 안의 빛으로 변한다는 사실을 깨달았던 것이다.

"나는 숫자로 채워진 나날에서, 그림자로 내 안의 빛을 찾았다."

27
인류를 살리고 싶다는 생각

프랑스 출신의 화학자
루이 파스퇴르

루이 파스퇴르Louis Pasteur는 프랑스의 작은 마을 돌Dole에서 태어났다. 화가가 되고 싶어 초상화를 그리던 소년은 과학에 눈을 떠 전혀 다른 삶으로 나아갔다. 그는 염료를 연구하는 화학자였고, 결정의 비대칭성을 발견한 물리학자였다. 무엇보다도 그를 움직인 것은 보이지 않는 존재가 세상을 바꾼다는 믿음이었다.

"나는 병을 일으키는 것이 공기 중 독기miasma가 아니라, 미세한 생명체라고 생각한다."

당시엔 미친 소리였다. 주류 의학과 정면으로 충돌하는 견해였기 때문이다. 하지만 파스퇴르는 결코 물러서지 않고, 세균의 존재를 증명했다. 상처를 소독하지 않던 수술실에 멸균滅菌이라는 혁명을 가져왔다. 포도주가 쉬는 원인도, 우유가 상하는 이유도 세균 때문이라는 걸 밝혀냈다.

사람들이 당신의 이론을 비웃고 조롱할 때, 그건 당신이 진실에 가까이 다가갔다는 증거일 수도 있다. 파스퇴르가 미생물 학설을 발표하자 수많은 의사와 학자들이 조롱을 서슴지 않았다.

"세균이 병을 일으킨다니, 그건 망상에 불과해!"

하지만 그는 실험으로, 통계로 그들의 생각을 하나하나 반박해 나갔다. 그에겐 진실은 시간이 지나면 반드시 증명된다는 믿음이 있었다. 그는 당시 치명적이던 탄저병과 광견병을 연구하며 백신 개발에 몰두했다. 광견병에 걸린 소년을 실험 대상으로 삼아 백신을 투여하던 날에는 밤을 새워가며 그 아이의 생사를 지켜보았다. 아이는 기적처럼 살아났고, 그날 파스퇴르는 일기에 이렇게 썼다.

"오늘 과학이 사람의 생명을 구할 수 있다는 사실을 세상에 증명했다."

그의 연구는 단지 실험실 안에서 끝나지 않았다. 가난한 사람들의 삶 속에 과학이 있어야 한다고 믿었기 때문이다.

"과학은 인류 전체의 것이다. 가장 낮은 곳까지 가야 한다."

소독, 살균, 예방 접종 등 오늘날 우리가 당연히 누리는 일상의 위생과 건강은 파스퇴르가 싸워서 얻어낸 승리 덕분이다. 그는 과학자의 사명에 대해 이렇게 말했다.

"과학자는 조용한 혁명가다. 그는 소리 내지 않고 단호하게 인류의 미래를 바꾼다."

그는 말년에 뇌졸중으로 쓰러진 후에도 연구를 멈추지 않았다. 오른손이 마비되자 왼손을 썼고, 왼손도 힘들어지자 눈빛으로 실험을 지시했다.

루이 파스퇴르의 삶은 보이지 않는 것을 믿는 사람의 위대함을 보여준다. 그는 현미경 너머의 진실을 믿었고, 모두가 조롱할 때 혼자 고개를 들었으며, 결국 세상을 바꾸었다. 생각대로 산다는 건 보이지 않아도 자신이 믿는 길을 끝까지 걷는 것이다.

플러스 메시지

실패는
성공의 그림자

마이클 조던은 이렇게 말했다.

"나는 내 인생에서 9000개의 슛을 놓쳤다. 거의 300번의 경기에서 졌고, 26번은 결승 슛을 맡았다가 실패했다. 나는 계속해서 실패했고, 그래서 나는 성공했다."

그는 농구 역사상 가장 위대한 선수로 남았지만, 거기에는 수많은 실패가 쌓여 있었다. 사람들은 성공을 기억하지만, 정작 성공은 실패가 다져놓은 길 위에 있다.

"실패는 성공의 어머니"라는 말이 진부하게 느껴진다면, 이렇게 바꿔봐도 좋다.

"실패는 성공의 그림자다. 언제나 같이 다니니, 너무 무서워하지 말 것."

마이클 조던은 이렇게 말했다.

"나는 실패를 받아들일 수 있다. 누구나 무언가에 실패한다. 하지만 시도조차 하지 않는 것은 받아들일 수 없다."

28
끝까지 생각대로 살았다

죽음의 수용소에서 살아온
빅토르 프랑클

"당신 이름이 뭔가?"

"빅토르 프랑클입니다."

"프랑클? 이제부터 당신은 119104번이다."

그는 자신의 이름을 빼앗겼다. 결혼한 지 얼마 안 된 아내, 사랑하는 부모, 환자들이 하나둘 사라졌다. 그는 인간이 아니라 '노역 가능한 번호'에 불과했다.

어느 날, 옆 침대에 누워 있던 수감자 동료가 속삭였다.

"빅토르, 오늘 밤이면 난 끝이야. 더는 못 버티겠어."

프랑클은 힘겹게 일어나며 말했다.

"자네가 좋아하는 시 한 편을 기억해 봐. 그걸 나한테 들려주면, 오늘 밤만큼은 견뎌낼 수 있을 거야."

동료가 읊은 시는 오래전 고향에서 봄을 노래하던 구절이었다. 수감자들은 그렇게 하루하루를 겨우 살아남을 수 있었다. 이때의 경험으로 프랑클은 삶의 의미를 떠올리는 순간, 인간은 모든 것을 이겨낼 수 있다는 걸 깨달았다.

빅토르 프랑클은 오스트리아 빈에서 안정된 삶을 누리던 유대계 정신과 의사였다. 평온한 일상을 보내던 어느 날, 그는 강제수용소에 입소하라는 명령서를 받았다.

그가 부모, 아내와 함께 수용된 곳은 악명 높은 나치의 아우슈비츠였다.

그는 모든 걸 빼앗겼다. 이름도, 자유도, 가족도. 인간으로서 마지막 존엄까지 빼앗겼다. 하지만 그런 참혹한 상황에서도 끝까지 지키고 싶은 게 있었다. 바로 삶의 의미였다.

"사람에게서 모든 걸 빼앗을 수 있어도 한 가지만은 그럴 수 없다. 그건 어떤 상황에서도 자신의 태도를 선택할 수 있는 자유다."

이는 프랑클이 진흙탕 속에서 꺼낸 다이아몬드였다. 그는 수용소에서 사람들을 유심히 관찰했다. 같은 고통을 겪으면서도 어떤 이는 희망을 품고, 어떤 이는 절망에 빠져 있었다. 어디에서 그런 차이가 비롯되는 것일까? 그건 바로 삶에 대한 의미를 어떻게 생각하느냐에 달려 있었다.

어느 날, 프랑클은 한 노인을 붙잡고 말했다.

"지금은 살아남는 데 의미가 있습니다. 당신의 딸이 당신을 기다리고 있잖아요."

그 말 한마디에 노인의 눈빛이 다시 살아났다. 이처럼 삶에 대한 의미는 생존을 가능케 했다. 그건 치유였다.

수용소에서 풀려난 프랑클은 세상에 외쳤다.
"우리는 삶으로부터 질문을 받는 존재입니다. '왜 살아야 하나?'가 아니라, '지금 나는 삶에 어떤 답을 줄 것인가?'를 물어야 합니다."

그는 이 고통의 끝에서 마침내 생존했다. 하지만 부모와 아내는 모두 수용소에서 세상을 떠났다. 프랑클은 그 폐허 위에서 이렇게 물었다.

"나는 왜 살아남았는가?"

그 질문은 곧 선언이 되었다.

"내가 살아남은 이유는 이 이야기를 세상에 전하기 위해서다."

1946년 그는 단 9일 만에 《죽음의 수용소에서》를 썼다. 자신을 정신과 의사가 아닌 증언자로 세운 것이다. 그는 삶을 이렇게 해석했다.

"삶은 나에게 질문한다. 나는 삶에 태도로써 응답할 책임이 있다."

그는 로고세러피Logotherapy(의미 치료)라는 새로운 심리학을 개척했다. 정신분석이 과거를 들여다본다면, 로고세러피는 미래를 바라본다. 삶에 의미를 부여하는 순간, 인간은 다시 일어설 수 있다. 그에게 삶은 하나의 숙제였다.

"삶은 우리에게 끊임없이 말을 건다. 우리는 거기에 어떤 태도로 응답할지 선택하는 존재다."

그는 인간은 상황의 피해자가 아니라 의미의 주체라고 믿었다. 지옥 같은 현실에서도 방향을 잃지 않았고, 그 나침반을 '의미'라고 불렀다. 생각대로 산다는 건 고통 속에서도 방향을 스스로 선택하는 것이다.

플러스 메시지

조용히 견디는
일상

경북의 한 시골 마을, 노모는 40년째 같은 자리에서 국밥집을 운영했다. 매일 새벽마다 시장을 다녀오고, 손님보다 늦게 먹는 식사를 당연하게 여겼다.

하루는 도시에서 성공한 아들이 찾아와 물었다.

"이렇게 고생만 하며 사는 게 후회되지 않아요?"

어머니는 조용히 국밥을 푸며 대답했다.

"내 손으로 자식 키우고, 밥해 먹고, 잠 잘 자면 그게 좋은 삶이지."

그날 아들은 국밥을 먹으며 눈물을 삼켰다.

위대한 삶은 거창한 것에 있지 않다. 조용히 견디는 일상에 있다.

29
우주의 방식대로 생각한다면

천문학을 대중화시킨 과학자
칼 세이건

✦

"우리는 별의 재로 만들어졌습니다."

그는 어릴 적, 브루클린 도서관에서 우주의 첫 번째 창을 열었다. 어머니는 소년의 손을 잡고 천문학 서적이 있는 선반 앞으로 데려갔고, 거기서 칼 세이건 Carl Sagan은 처음으로 '우리는 어디서 왔을까?'라는 질문을 마음속에 품었다. 그 후로 그는 평생 그 질문을 좇았다.

대학에선 생물학을 공부했다. NASA에서는 외계 생명체 탐사의 선봉에 섰으며, 〈코스모스〉라는 텔레비전 시리즈로 수억 명에게 우주의 광활함과 인간의 작은 자리를 일깨워주었다. 〈코스모스〉는 당시 대부분의 드라마 작가들이 죄다 파업을 하는 바람에 유일하게 볼 만한 시리즈가 되었고, 최고의 인기를 누렸다고 한다. 그의 말은 과학자의 언어였지만, 시인의 심장을 가졌다는 평가를 받았다.

"지구는 창백한 푸른 점입니다. 거기에 우리 모두가 있었죠. 사랑하는 이, 싫어했던 이, 영웅과 겁쟁이, 창조자와 파괴자 모두가…… 그 점 위에 살았습니다."

저서로는 《창백한 푸른 점》《코스모스》, 사망하기 직전에 출판한 《에필로그》 등이 유명하다. 세이건은 천문학뿐 아니라 진화론, 비과학 등에 대한 책도 많이 썼다. 인간의 뇌를 다룬 《에덴의 용》으로 퓰리처상을 수상하기도 했다. 특히 미신, 유사 과학, 비과학적 요소를 경계하는 회의론자로서 《악령이 출몰하는 세상》 등의 책을 저술하기도 했다.

세이건의 작품 중 유일한 소설인 《콘택트》는 조디 포스터 주연의 영화로 만들어졌는데, 그 때문에 간혹 칼 세이건을 SF 소설가로 아는 사람들도 있다. 세이건은 《콘택트》가 영화화되길 애타게 기다렸으나 안타깝게도 촬영 도중 사망했다. 영화는 이듬해인 1997년 개봉해 큰 성공을 거두었다.

세이건은 외계 생명체 탐사에 매우 많은 관심을 기울였는데, 특히 생물학적·사회적 관점에서 심도 있게 접근했다. 그의 발의로 보이저 탐사선은 인류 문명의 수백 가지 언어로 기록된 인사말과 지구의 위치, 인간의 모습 등을 담은 골든 레코드를 탑재했다. 외계의 지적 생명체를 찾는 SETI 프로그램을 주도하기도 했다. 소설 《콘택트》의 스토리도 SETI 프로그램에서 출발한다.

칼 세이건은 사람들에게 겸손한 우주적 관점을 가르치려 애썼다. 우주를 바라보는 것이 곧 인간을 더 잘 이해하는 길이라 믿었다. 그는 우주가 무한하다는 사실이 오히려 우리 삶을 더 소중하게 만들어준다고 생각했다.

사람들은 그를 '낭만적인 과학자'라 불렀지만, 그는 이를 정정했다.

"과학은 감탄과 경외에서 시작됩니다."

그에게 지식은 감정을 없애는 도구가 아니라, 감정을 더 깊게 만드는 여정이었다. 그는 인간이 스스로 만든 무지와 탐욕 그리고 파괴 본능을 우주 앞에서 겸허히 바라보길 바랐다. 핵무기, 기후 변화, 탐욕……. 이 모든 것이 그에겐 작은 '푸른 점'에서 살아가는 존재가 스스로를 파괴하려는 비극으로 보였다.

칼 세이건은 생각하는 인간을 믿었다.

"우주의 방식대로 생각하지 않으면, 언젠가 우주가 우리를 지워버릴 것입니다."

생각대로 살아간다는 건 자신의 무지를 받아들이고, 세상을 배우려는 겸손을 갖고, 진실 앞에서 감동할 줄 아는 것이다. 그게 칼 세이건의 삶의 방식이었다.

플러스 메시지

작은 화분 안의
큰 꿈

빠르게 돌아가는 도시의 삶 속에서, 김혜진 씨는 늘 무언가 결핍을 느꼈다. 하루 종일 컴퓨터 앞에 앉아 숫자와 서류에 매몰된 나날이었다. 마음 한쪽에선 항상 자연의 온기가 그리웠다.

어느 날, 평소 지나치던 골목 끝 작은 화분 하나가 그녀의 마음을 흔들었다.

'이 작은 화분에도 꿈이 깃들어 있겠지.'

혜진 씨는 회사 생활을 접고 동네 커뮤니티 가드닝 모임에 합류했다. 그곳에서 자연을 사랑하고 자연 속에서 삶의 의미를 찾는 사람들을 만났다. 아무리 하찮은 존재라도 거기엔 우주의 씨앗 같은 생명의 근원이 있다는 걸 어렴풋이 깨달았다. 지금은 주말마다 도심 속 작은 텃밭을 가꾸며 사람들에게 '자연 속에서 다시 숨 쉬는 법'을 전하고 있다.

  생각대로 사는 건 자신의 작은 꿈에도 관심을 기울이는 것임을 깨달은 덕분이다.

  "도심 속 작은 화분 한쪽에, 내 꿈의 온기가 자리 잡았다."

30
생각을 들고 뛰어든 실행가

테슬라의 괴짜 CEO
일론 머스크

"불가능해 보인다는 건 아직 아무도 시도하지 않았다는 뜻이다."

남아프리카공화국 프리토리아의 책벌레 소년 일론 머스크$_{\text{Elon Musk}}$는 말보다 생각이 빨랐다. 어릴 적부터 세상은 그에게 너무 느려 보였다. 아홉 살에 컴퓨터를 독학하고, 열두 살에 게임을 만들어 판매했다. 하지만 돈이 목적은 아니었다. 그가 진짜 궁금해한 건 따로 있었다.

'우주는 왜 이렇게 조용하지?'
'왜 다들 연료를 태워 움직이지?'
'사람들은 왜 안 되는 것만 말할까?'

그는 세상의 방식보다 자기 머릿속에 떠오르는 이런 당돌한 질문을 믿었다. 그게 시작이었다.

페이팔$_{\text{PayPal}}$을 팔고 수천억 원을 손에 쥔 순간 대부분의 사람이라면 은퇴를 생각했겠지만, 머스크는 모두가 말리는 일에 전 재산을 투자했다.

'왜 자동차는 내연 기관이어야 하지?'

'왜 우주 사업은 국가에서만 하는 걸까?'

고속 터널, AI, 뇌 칩, 태양광……. 그의 생각은 늘 시대보다 10년은 앞서 있었다. 테슬라가 고전하고 스페이스X 로켓이 세 번이나 폭발했을 때, 기자들은 그를 조롱하고 투자자들도 등을 돌렸다. 하지만 그는 단호했다.

"나는 뒤로 물러나는 법을 배우지 않았다."

사람들은 그를 '괴짜' '돌연변이' '허풍쟁이'라고 불렀다. 하지만 그가 가장 싫어한 말은 "현실적으로 생각하라"는 조언이었다. 현실은 바뀌는 것이기 때문이다.

그리고 그걸 바꾸는 사람은 '비현실적인 꿈'을 믿는 자였다. 그는 수십 번의 실패 속에서도 '성공 확률 1퍼센트'의 우주선을 날렸다.

"나는 화성에 죽으러 간다. 착륙 도중 죽지만 않는다면."

일론 머스크의 인생은 '생각한 대로 살아낸' 삶 자체다. 그는 늘 불가능하다고 여겨지는 분야에 뛰어들었다. 그 불가능을 숫자로 계산하고, 모델로 예측하고, 결국 현실로 바꿨다. 가장 놀라운

건 그의 생각이 실험실에서만 머무르지 않았다는 것이다.

그는 손에 기름을 묻히며 전기차를 조립했고, 로켓 부품을 연구실이 아닌 공장에서 직접 설계했다. 경영자라기보다 '생각을 들고 뛰어드는 실행가'였다.

일론 머스크는 세상의 법칙보다 자신의 상상력을 더 믿었다.
"나는 안전한 길에 흥미를 느끼지 못한다. 위험한 꿈을 꿀수록 나는 살아 있다고 느낀다."
생각대로 산다는 건 세상이 말리는 길이라도, 스스로 옳다고 믿는 한 그 길을 간다는 것이다. 불가능이라는 말 앞에 고개 숙이기보다 재밌는 도전이라 여기며 웃을 수 있는 용기가 필요하다. 그는 생각대로 살았다. 그래서 결국 사는 대로 생각하지 않는 사람이 되었다. 생각대로 살지 않으면 사는 대로 생각하게 된다.

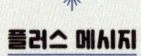

플러스 메시지

깜깜했던 세상이
환하게 보이는 순간

2020년 초졸 검정고시 최고령 합격자는 83세의 김금자 할머니였다. 할머니가 다시 공부를 시작한 건 꼭 70여 년 만의 일이다. 한국전쟁 때 부모를 잃고 38선을 넘어 가까스로 살아남은 터였다.

"공부할 시기를 다 놓쳤지. 그래서 공부하고 싶은 게 한이 되었다."

한 기자가 할머니에게 꿈이 뭐냐고 물었다. 할머니는 수줍은 듯 전문대학은 가고 싶다고 농담처럼 대답했다.

이후 할머니는 중학교와 고등학교 검정고시를 통과했고, 결국 소원이라던 대학 입학에도 성공했다. 늦깎이 대학생 할머니는 이렇게 말했다.

"세상을 보는 눈이 달라졌다. 옛날에는 깜깜했던 세상이 지금은 환하게 보이는 것 같다."

31
우리의 인생은 생각에 의해 만들어진다

로마의 16대 황제
마르쿠스 아우렐리우스

"내게 가장 소중한 무기는 생각이다."

소년 마르쿠스 아우렐리우스~Marcus Aurelius~는 칼보다 두루마리를 가까이했다. 열두 살 무렵에는 철학자 유니우스 루스티쿠스를 스승으로 삼았다. 스승은 그에게 《에픽테토스의 담화록》을 건넸다. 책장을 넘기던 마르쿠스는 문득 멈췄다. 거기엔 이런 문장이 있었다.

"남의 탓을 하는 사람은 무지한 사람이다. 자기 탓을 하는 사람은 철학자가 되기 시작한 것이다."

그날 밤, 그는 처음으로 일기를 썼다.

"나는 무엇을 통제할 수 있고, 무엇을 통제할 수 없는가?"

그의 사촌 루키우스는 검술 훈련장에서 땀을 흘렸지만, 마르쿠스는 안쪽 정원에 앉아 상념에 젖었다.

'진짜 강함은 내 마음을 흔드는 것들을 멈추는 데 있다.'

그때부터 그는 세상을 다스리기 전에 마음부터 다스리자는 결심을 품었다.

권력의 중심에서, 그는 늘 고독했다.

'나는 로마를 다스릴 수 있지만, 그보다 먼저 나 자신을 다스려야 한다.'

황제로 즉위한 첫해에 마르쿠스는 루키우스와 공동 통치를 시작했다. 하지만 루키우스는 사치와 향락에 빠졌고, 궁정은 시끄러웠다. 신하들은 마르쿠스에게 루키우스를 견제하라고 조언했다. 하지만 마르쿠스는 그를 감쌌다.

"그는 나와 다르게 살지만, 나 역시 완전하지는 않다."

한밤중에 마르쿠스는 황궁 뒤편 서재에서 혼자 글을 썼다. 촛불은 바람에 흔들리고, 그의 문장은 또박또박 이어졌다.

"남이 그릇된 길을 간다고 해서, 나 또한 흔들릴 필요는 없다. 나는 나의 길을 걷는다."

황제 자리에 있으면서도, 그는 늘 '안으로 안으로' 걸어 들어갔다.

"전염병도, 배신도, 죽음도…… 내 태도는 그 누구도 건드릴 수 없다."

전쟁 와중에 전염병이 로마 전역을 휩쓸었다. 병사들은 쓰러졌고, 시민들은 불안에 떨었다. 마르쿠스의 아들 또한 병에 걸렸다. 그 소식을 들은 그는 말을 타고 직접 진영으로 향했다.

썩어가는 냄새를 무릅쓰고 마르쿠스는 가장 외곽에 있는 병영 텐트로 들어갔다. 아들은 잠든 듯 숨을 쉬고 있었다. 그는 곁에 앉아 아들의 손을 잡고 중얼거렸다.

"자연이 데려간다면 보내고, 남는다면 감사하자."

그날 밤에도 그는 글을 썼다.

"죽음은 해악이 아니다. 오히려 무지한 삶이야말로 해악이다."

자신의 아픔마저도 삶의 훈련장으로 삼았던 그는 다음 날 병든 병사들과 함께 불침번을 서며 로마 황제의 자리를 지켰다.

"나는 황제가 아니라, 철학자가 되고 싶다."

생의 말년, 마르쿠스는 병으로 몸이 무너져갔다. 그러나 여전히 그의 침상 곁엔 《명상록》이 있었다. 제자들과 신하들이 물었다.

"폐하, 왜 고통 속에서도 그렇게 글을 쓰십니까?"

그는 조용히 말했다.

"나는 오늘도 나 자신을 설득해야 하기 때문이다."

마르쿠스는 180년 다뉴브강 유역의 전장에서 생을 마감했다.

그의 시신은 성대한 예식을 거쳤지만, 사람들이 기억한 건 그의 칼이 아니라 그의 글과 태도였다. 《명상록》은 생전엔 출간되지 않았다. 그는 오직 자신에게 말하듯 썼을 뿐이다. 그 글들이 오랜 세월을 지나 지금의 우리에게 도착했다.
"당신도 생각대로 살고 있는가?"
이런 질문과 함께.

마르쿠스 아우렐리우스의 삶은 말보다 행동이 앞선 인생이었다. 철학은 고상한 말에 있지 않다. 매일 고통스러운 현실을 통과하며 내면을 지키는 연습이다. 권력을 쥐고도 욕망에 빠지지 않고, 고통 앞에서도 품위를 지켰던 마르쿠스의 삶은 우리에게 이런 말을 전해준다.
"생각대로 산다는 건 결국 자기 자신을 다스리는 데서 시작된다."

플러스 메시지

작은 말 한마디,
꽃이 되다

서울 홍대 앞, 오래된 골목에서 작은 꽃집을 운영하는 중년의 이천유 씨. 그녀는 20년 동안 매일 아침 첫 손님에게 "오늘 하루 마음에 꽃이 피길 바랍니다"라는 문구를 담은 쪽지를 꽃과 함께 건넸다.

어느 날, 한 청년이 찾아와 말했다.

"사장님의 쪽지가 제 삶을 바꿨어요. 그날 자살하려다 꽃을 받고는 다시 살아보기로 결심했거든요."

천유 씨는 말한다.

"저는 그냥 제가 할 수 있는 말을 한 것뿐이에요."

그녀는 생각대로 살았고, 누군가에게 삶을 돌려주었다.

작은 말 한마디가 누군가에겐 살아갈 이유가 된다.

> 에필로그

사는 대로 생각하지 않기 위해

언제부터였을까, 아침에 눈을 뜨는 이유가 '원해서'가 아니라 '어쩔 수 없어서'가 되어버린 게. 누구도 강요하지 않지만, 이상하게도 우리는 스스로를 점점 좁은 곳으로 몰아넣는다. 해야 하니까. 남들이 다 그렇게 하니까. 사는 게 원래 그렇다니까. 그렇게 익숙한 말들에 기대어 생각 없이 살다 보면, 어느 순간 삶이 내 것이 아닌 것만 같아진다.

이 책은 그런 사람들을 위한 이야기다. 누군가는 유명하지 않고, 누군가는 실패했고, 또 누군가는 아직 시작도 하지 못했겠지만, 그럼에도 스스로의 생각대로 살기 위해 멈춰 섰던 사람들……. 이 책은 그들의 기록이다. 그들의 두려움, 선택 그리고 조용한 승리가 담겨 있다.

당신도 언젠가 이런 질문을 받을 것이다.
"지금 당신은 정말 당신이 원하는 방식으로 살고 있나요?"
그 질문 앞에서 멈추어 다시 생각해 보자. 때로는 돌아서는 일이 더 용기 있는 시작이 될 수 있다. '사는 대로 생각하지 않기 위해' 우리는 지금, 생각대로 살아보려는 중이다.

생각대로 살지 않으면
사는 대로 생각하게 된다 ⓟ

1판 1쇄 발행 2025년 5월 29일 | **1판 2쇄 발행** 2025년 6월 29일 | **지은이** 은지성 | **발행인** 허윤형 | **펴낸곳**
달먹는토끼 | **주소** 서울 마포구 성지길 25-11(합정동, 오구빌딩) | **전화** 02 334 0173 | **팩스** 02 334 0174
| **홈페이지** www.hwangsobooks.co.kr | **인스타** @hwangsobooks | **등록** 2009년 3월 20일(신고번호 제
313-2009-54호) | **ISBN** 978-89-9893350-7-6 (03100)

@2025 은지성

• 달먹는토끼는 (주)황소미디어그룹의 출판 브랜드입니다. | • 이 책은 달먹는토끼가 저작권자와의 계약에 따라
발행한 것이므로 본사의 서면 허락 없이는 어떠한 형태나 수단으로도 이 책의 내용을 이용하지 못합니다. | • 잘
못된 책은 구입하신 서점에서 바꾸어 드립니다. | • 책값은 뒤표지에 있습니다.